HISTOIRE
DES THÉATRES
ET
DES LIEUX D'AMUSEMENS PUBLICS
DE PARIS.

Imprimerie de FÉLIX MALTESTE et Cie, rue des Deux-Portes-Saint-Sauveur, 18, près le passage du Grand-Cerf.

HISTOIRE
DES
THÉATRES
ET
DES LIEUX D'AMUSEMENS PUBLICS
DE PARIS,

précédée

DE CONSIDÉRATIONS HISTORIQUES SUR L'ORIGINE DU THÉATRE,
LA CONSTRUCTION DES THÉATRES,
LES AUTEURS ET LES ACTEURS DRAMATIQUES.

Par M. de Rouvières,
Ingénieur civil, membre de plusieurs Sociétés savantes.

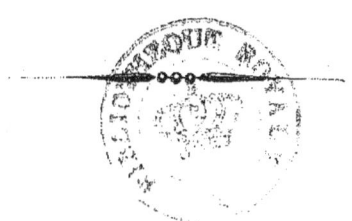

Paris.
A LA LIBRAIRIE DES ÉTRANGERS,
55, RUE NEUVE-SAINT-AUGUSTIN,
près la rue de la Paix.

Histoire
DES THÉATRES
ET
DES LIEUX D'AMUSEMENS PUBLICS
DE PARIS.

Origine du Théâtre.

Il existe un docte traité sur les représentations scéniques avant le déluge; notre intention n'est pas de remonter si haut, nous n'irons pas même jusqu'à l'arche de Noé. C'est prendre déjà d'assez loin les origines du théâtre que de parler du tombereau de Thespis. La tragédie grecque naquit au milieu des fêtes de Bacchus, saturnales dont notre carnaval peut donner une idée. Des buveurs se barbouillaient de lie, comme nos pierrots se barbouillent de farine. Ils chantaient, ils invectivaient les passans comme font nos masques du haut de leurs chars-à-bancs. Thespis introduisit dans les chœurs un récit consacré sans doute aux louanges de Bacchus, et c'est à cette innovation qu'il doit sa renommée d'avant-coureur de la tragédie. Eschyle en fut le véritable fondateur : le premier il fit exhausser un théâtre fixe; le premier il mit deux interlocuteurs sur la scène; les revêtit d'un costume décent; leur donna le masque et le cothurne. Sophocle et Euripide s'illustrèrent après lui dans la même carrière.

Si les Romains ont tout tenté, au dire d'Horace, toutes

leurs tentatives n'ont pas été heureuses. Les tragédies ampoulées qui nous sont parvenues sous le nom de Sénèque ne soutiennent pas la comparaison avec les chefs-d'œuvre des Grecs. César ne voyait qu'un demi-Ménandre dans Térence; et Horace trouvait qu'on avait trop applaudi les charges et les bons mots de Plaute.

Les jeux des jongleurs, les poèmes récités des trouvères, les cantiques dialogués des pélerins sont, avec les entremets, les premiers efforts tentés pour acclimater le théâtre en France.

Les *entremets* méritent une mention particulière. Aux noces de Robert, frère de saint Louis, on vit paraître, pendant le repas, des ménétriers, montés sur des bœufs caparaçonnés d'écarlate; un homme à cheval marcha sur une corde tendue. Ce n'était là qu'un tour de force d'acrobate. Mais voici un entremet où la pantomime devait être très compliquée. Aux noces de Charles-le-Téméraire et de Marguerite d'York, sœur du roi d'Angleterre, on représenta les *travaux d'Hercule*. Deux géans remorquèrent ensuite jusqu'au milieu de la salle du festin une baleine de soixante pieds de longueur et d'une hauteur proportionnée. Des cavités profondes du ventre de ce léviathan sortirent deux syrènes et douze chevaliers qui entrèrent en danse au son d'une musique guerrière. Le ballet terminé, le monstre avala de nouveau les musiciens et les danseurs. Aux fêtes données par Philippe-le-Bel à sa bonne ville de Paris, on vit représenter divers spectacles : *Adam et Ève*, les *Trois Rois*, le *Massacre des Innocens*, *Jésus riant avec sa mère et mangeant des pommes*, etc. A l'entrée de Charles VII, on vit une cavalcade représentant les sept vertus primordiales et les sept péchés mortels. A l'entrée de

Louis XI, on construisit à la porte St-Denis un vaisseau figurant les armes de la ville de Paris. Le fameux vaisseau de carton des fêtes de juillet n'avait donc rien de neuf.

Mais les frères de la Passion avaient déjà jeté les véritables fondemens de notre scène.

Les pélerins se réunissaient en grand nombre au bourg de St-Maur-lès-Fossés, près Vincennes; pour attirer la curiosité et les aumônes, ils s'avisèrent de mettre en action leurs fastidieuses complaintes. La *Passion de Jésus-Christ*, représentée par une troupe d'acteurs improvisés, attira la foule. Le prévôt de Paris ayant fait défendre ces représentations, les nouveaux comédiens se pourvurent à la cour, et Charles VI, voulant prononcer avec connaissance de cause, assista en personne à leur spectacle. Ce spectacle l'amusa, et la cause du théâtre fut une première fois gagnée. Les comédiens s'érigèrent en confrérie dite de la Passion et obtinrent des lettres-patentes en date du 4 décembre 1402, pour transporter leur exploitation à Paris. François Ier confirma ces priviléges par lettres-patentes du mois de janvier 1518. Les premiers *mystères* ou *moralités*, tel était le nom donné aux pièces des confrères de la Passion, étaient d'un sérieux soutenu; ce genre dura près d'un siècle et demi. Insensiblement la farce fit invasion, et le mélange du bouffon avec le profane, offusquant les âmes dévotes, le pouvoir interdit les pièces grivoises qui avaient reçu le nom de *jeux de pois pilés*.

La maison de la Trinité, où la confrérie avait établi son spectacle, fut de nouveau convertie en hôpital. Mais les confrères avaient réalisé d'assez gros bénéfices pour ne pas se laisser abattre si facilement. Ils achetèrent l'hôtel des ducs de Bourgogne. Ce n'était plus qu'une masure située rue Mauconseil sur le terrain qu'occupe aujourd'hui la halle aux cuirs. Les confrères y firent bâtir une salle et un théâtre où, par arrêt du parlement du 19 novembre 1548, il leur fut permis de s'établir à condition de n'y jouer que des sujets profanes, licites et honnêtes. Henri II, en 1559, Charles IX, en 1563, confirmèrent cet établissement par lettres-patentes.

Les confrères de la Passion cédèrent à de nouveaux comédiens un privilége qui leur interdisait les sujets religieux. Ils se réservèrent toutefois deux loges : une pour eux-mêmes, l'autre pour leurs amis. Etienne Jodelle, né à Paris en 1532, mort en 1573, porta sur la scène française la forme de la tragédie grecque, et fit reparaître le chœur antique dans les deux pièces de *Cléopâtre* et de *Didon*. Nous citerons encore comme jalon de l'histoire théâtrale Hardy qui vivait sous Henri IV et passait pour la merveille du siècle, à cause de sa grande fécondité. Boisrobert, Colletet, Rotrou et le cardinal de Richelieu doivent être portés aussi au nombre de ceux qui firent faire à l'art théâtral les premiers et les plus difficiles progrès.

Arrivés à Corneille nous pouvons faire halte, car le *Cid* est encore notre meilleure tragédie ou du moins notre tragédie la plus tragique.

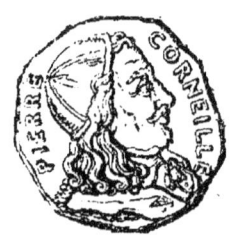

du luxe. Il fit construire un théâtre à trois étages soutenus par trois cent soixante colonnes. Le premier rang était de marbre ; le second de verre et le plus élevé de bois doré. Les colonnes du premier ordre avaient trente-huit pieds de haut, et les statues de bronze, distribuées dans les intervalles des colonnes, étaient au nombre de trois mille. Le théâtre de Scaurus pouvait contenir quatre-vingt mille personnes.

Curion, qui périt dans la guerre civile, attaché au parti de César, désespérant de lutter de magnificence avec Scaurus, voulut suppléer à la pompe par l'étrangeté. Il fit construire deux théâtres de bois adossés l'un à l'autre et tournant tous les deux sur un pivot, en sorte qu'ils formaient par leur réunion une enceinte pour les combats de gladiateurs. Enfin Pompée bâtit un théâtre-monument sur des fondemens de pierre. Ce théâtre, construit sur le plan de celui de Mytilène, pouvait contenir 40,000 spectateurs. Il était orné de tableaux, de statues de marbre et de bronze, transportées à Rome de Corinthe, d'Athènes et de Syracuse. Une pareille innovation trouva de nombreux censeurs ; pour faire taire le blâme Pompée consacra le nouvel édifice à Vénus Victrix. On admire encore à Rome les ruines du théâtre de Pompée, ainsi que celles du théâtre moins vaste de Marcellus. Athènes leur oppose, avec orgueil, les ruines de son admirable théâtre de Bacchus.

Ces immenses édifices, ces cent mille spectateurs, ces solennités scéniques des anciens nous paraissent presque un rêve : la plus grande salle de Paris ne contient pas 2,000 spectateurs. Nous retrouvons pourtant tout cela au moyen-âge et dans l'enfance du théâtre français. A Bourges, en 1536, pour représenter le mystère des *Actes des Apôtres,* on fit « sur le circuit de l'ancien théâtre ou fosse des arènes un amphithéâtre à deux étages, surpassant la sommité des degrés, couvert et voilé par-dessus pour garder les spectateurs de l'intempérie et de l'ardeur du soleil, tant bien et excellemment peint d'or, d'argent, d'azur et autres couleurs, qu'impossible est le savoir réciter. » (Lassay, *Histoire du Berry*.) En 1516, à Autun, on fit construire au milieu de la grande place, pour le même objet, un amphithéâtre en bois de charpente, assez vaste pour contenir quatre-vingt-mille personnes. Les mystères consistant en une série de tableaux, et l'art des changemens à vue étant encore inconnu ou dans son enfance, les théâtres avaient la forme de ces *tryptiques* ou boîtes à compartimens, que promènent dans les villages les marchands de cantiques et de chapelets bénits, et dont chaque casier représente un épisode de l'histoire de saint Hubert, ou de quelque autre grand saint. Ces casiers étaient rangés à la file ou placés les uns au-dessus des autres; mais comme il eût fallu parfois construire un trop grand nombre d'étages, on préférait élever plusieurs théâtres distincts. Il fallait bien avoir recours à cet expédient pour jouer, par exemple, le mystère des *Actes des Apôtres* où il n'y avait pas moins d'une centaine de lieux différens à exhiber. A l'occasion d'une représentation de la *Passion*, donnée à Angers, il est dit que le théâtre construit au bas des halles avait cinq échafauds à plusieurs étages, couverts d'ardoises. La représentation d'un mystère durait ordinairement plusieurs jours; mais le livret de l'auteur indiquait plusieurs pauses dont les spectateurs profitaient pour aller dîner et souper. Nos pères se trouvaient ainsi régalés de représentations aussi longues que les pièces de théâtre des Chinois; il ne leur manquait plus que de se pourvoir comme les anciens Romains de colombes apprivoisées, lorsqu'ils allaient au spectacle, afin de dépêcher ces courriers ailés à leurs ménagères.

Les théâtres modernes sont tous à peu près construits sur le même plan ; nous en offrons ici le spécimen.

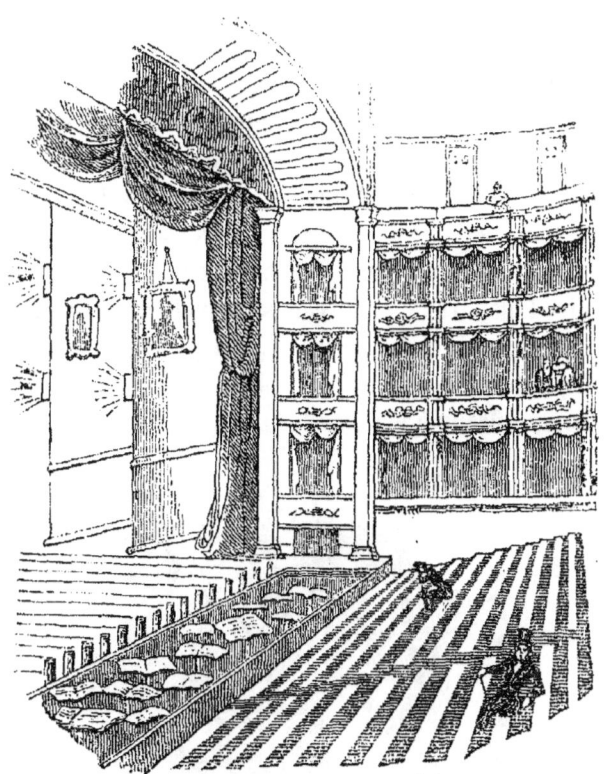

Les dimensions et la richesse des ornemens les distinguent entre eux. Le vaisseau forme ordinairement une ellipse plus ou moins prolongée, dont le tiers est réservé à la scène et le reste aux spectateurs. Le parterre, plusieurs rangs de loges superposés; des stalles, et dans la partie supérieure, des combles ; voilà quelles sont les dispositions générales de nos salles, qui laissent beaucoup à désirer sous le rapport de la ventilation et de l'excès de température.

Les escaliers de service sont tortueux; les corridors étroits et mal éclairés; les loges elles-mêmes sont la plupart sombres et trop peu spacieuses. Deux personnes peuvent à peine jouir du spectacle, dans ces étranges prisons, disposées ordinairement pour quatre et six personnes. Mais aussi grâce à la pénombre qui règne dans ces tabernacles et qui environne leurs abords, que d'intrigues, que de mystères, que d'amours, que de passions, s'y agitent, s'y développent, s'y trament, s'y déroulent! Les ouvreuses de loges, ces grandes utilités des théâtres modernes, pourraient seules nous dire l'histoire de ces arcanes; mais l'ouvreuse de loges est discrète; et loin de contrôler, elle protège, reçoit et se tait. Voyez plutôt avec quel air réservé elle s'approche de ce couple, en offrant à la dame le tabouret traditionnel.

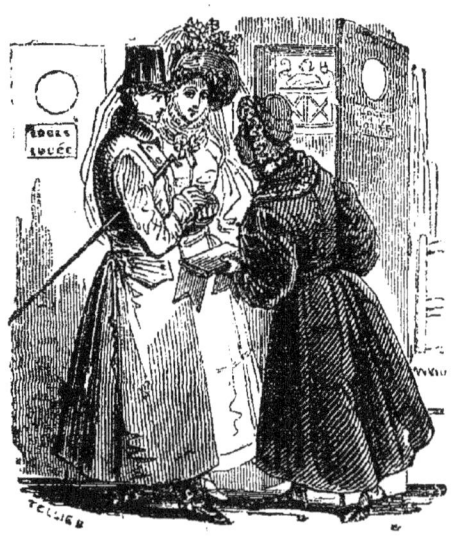

Pour tout ce qui regarde la décoration scénique, pour tous ces brillans accessoires qui secondent si bien la marche de l'action, les théâtres modernes ont laissé bien loin derrière eux ceux de l'antiquité. Rien de plus curieux à étudier que les mille moyens ingénieux employés pour représenter la nature, ou pour tromper les yeux du spectateur : toiles de fond, jeux de lumière, effets d'optique, combinaison des divers plans, innombrables machines de toute espèce, inventées pour exécuter les changemens à vue, pour engloutir les palais les plus somptueux, pour enlever en un clin d'œil les montagnes les plus gigantesques, pour faire sortir en un instant de l'abîme les plus étonnantes créations. Rien ne coûte à nos modernes entrepreneurs. Le spectateur a peine à comprendre comment on peut obtenir de tels résultats, et il nous serait impossible de lui expliquer ce merveilleux mécanisme composé de cordages, de moufles, de tours, de leviers, qui se meuvent en sens divers, et presque toujours avec une si étonnante précision. Aussi, le séjour des coulisses, là où s'opèrent ces surprenantes métamorphoses, est-il envié et recherché par toutes les sommités. Dans les coulisses des grands théâtres, vous êtes toujours sûr de rencontrer tout ce que possèdent de plus distingué la diplomatie, les arts, les sciences, la littérature : c'est un rendez-vous de bon ton, quoique très-périlleux ; on brigue un *billet* de coulisse avec le même zèle qu'on met à solliciter la croix, un siége à la chambre des pairs, un brevet de colonel ou un chapeau de cardinal.

Un procès récemment intenté au directeur du théâtre de la porte Saint-Antoine, pour avoir laissé pénétrer trop d'habitués dans les coulisses, atteste notre assertion, et l'arrêté suivant, attribué à la commission constituée pour le maintien de la décence et des beaux-arts à l'Opéra, est, en quelque sorte, une preuve de ce que nous avançons ; cet arrêté mérite d'être consigné ici moins comme un acte officiel que comme preuve de l'engoûment qui existe pour les coulisses.

« A l'avenir ne seront admis avec un jeton d'ivoire à l'Opéra, dans les coulisses, que les pouvoirs ci-dessous dénommés :

» I. Les professeurs de la faculté de droit et de la faculté de médecine ;

» II. Les chefs de division du bureau de l'intérieur ;

» III. Les ministres, députés, machinistes, tapissiers, etc. »

C'est qu'à côté des quinquets, des cordages et des poulies

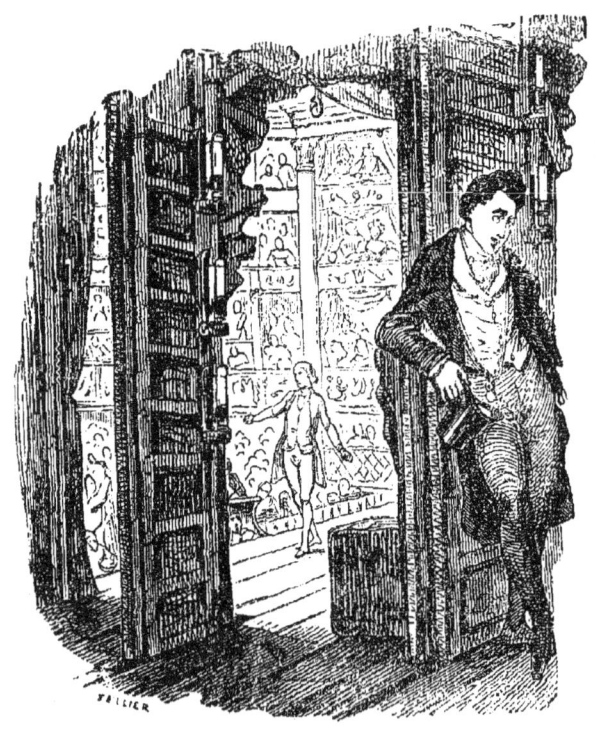

se trouvent les grandes prêtresses du temple : c'est que là on peut les voir de très-près ; jouir de leur conversation, respirer l'air qui les entoure; leur communiquer d'une manière intime l'émotion qu'elles excitent ; de telles privautés ne coûtent jamais trop cher : on brave la chute d'une forêt ; on court le risque d'être enfoncé dans un troisième dessous. Voyez plutôt avec quel langoureux plaisir cet élégant dandy attend la rentrée de la séduisante actrice qui, travestie en poupon de couvent, recueille à la rampe les applaudissemens du parterre.

Sans contredit c'est à cet appareil si compliqué et composé de matériaux si combustibles qu'on doit attribuer la principale cause de ces nombreux incendies, qui viennent à de si fréquens intervalles attrister le public et ruiner les entreprises théâtrales. Ainsi qu'on le verra dans le cours de cette histoire, dix théâtres ont été entièrement consumés dans l'espace de cinquante-quatre ans !

Les Acteurs. — Les Auteurs.

A Athènes, la profession d'acteur était honorable ; à Rome elle entraînait la perte des droits civils. L'église catholique ne la reconnaît pas encore. Plusieurs conciles ont défendu aux ecclésiastiques d'assister aux représentations théâtrales, et Charlemagne, par une ordonnance de 789, met les histrions au nombre des personnes infâmes et incapables d'ester en jugement. Mais il en est des usages comme des feuilles. Les vieilles tombent, il en pousse de nouvelles. Notre société moderne est bien réconciliée avec les acteurs. Relevés de toute incapacité civile, ils n'ont plus à redouter que l'excommunication ecclésiastique, dont l'église finira sans doute par faire grâce.

Nos premiers comédiens français étaient de dévots personnages, et les acteurs des mystères croyaient accomplir une œuvre pie en figurant dans la passion de notre Seigneur. Par le fait, certains rôles étaient un véritable martyre : celui de Jésus-Christ, par exemple, ordinairement joué par un ecclésiastique. La représentation de la *Passion* durait quatre jours et se divisait en quatre-vingt-six actes dans lesquels on ne débitait pas moins de 41,000 vers. Le Sauveur en récitait plus de 3,400 pour sa part. Comment après cela, et malgré leurs feux, nos artistes modernes osent-ils se regimber et refuser d'apprendre un rôle de quelques pages ? Le pauvre acteur des mystères avait bien d'autres tribulations. Les coups de fouet et de bâton pleuvaient sur lui, et malgré toute l'adresse des confrères qui les lui administraient, il s'en tirait rarement sain et sauf. Dans la scène de la transfiguration, il restait suspendu en l'air un gros quart d'heure et demeurait deux heures au moins attaché en croix. Un curé de St-Victor de Metz qui faisait le rôle du Christ serait presque mort sur le bois, dit la chronique, si on ne l'eût détaché et si on n'eût mis en sa place un autre curé pour parfaire le personnage. L'acteur qui jouait le rôle de Judas faillit se pendre tout de bon.

Les rôles de femmes étaient généralement joués par des hommes. « L'an 1434 fut faict à Metz le jeu de la vie de saincte Catherine et fut Jehan Didier ung notaire saincte Catherine. »

Les femmes, au dire d'Aulu-Gelle, ne paraissaient sur les théâtres des anciens que pour danser. Les eunuques les remplaçaient pour la déclamation. Ce n'était pas toujours des eunuques, puisque pour citer un fait entre vingt, Cicéron nous apprend qu'un célèbre acteur qui jouait le rôle d'Électre embrassait les cendres de son propre fils pour trouver de véritables gémissemens sur l'urne d'Oreste. Il fallait bien aimer l'art pour renouveler ainsi ses propres douleurs afin de rendre plus vives les jouissances du public.

Nos ancêtres allaient plus loin que les anciens sous ce rapport, car ils ne permettaient pas même aux femmes de danser sur la scène. C'est en 1681, dans le ballet du *Triomphe de l'Amour*, qu'on voit, pour la première fois, figurer des danseuses. De combien de ravissantes poses ne se privait-on pas ainsi ; car on peut défier le plus excellent mime d'atteindre la grâce féminine. Imaginez-vous Mazillier, lui-même, jouant le rôle de la Sylphide !

Aujourd'hui les deux sexes sont employés aux représentations scéniques et toujours avec succès et profit, pour l'action, le public et l'entreprise.

Que dirait ce vieil officier du roi qui se plaignait qu'un histrion comme Lekain eût des appointemens triples ou quadruples des siens, s'il vivait pour comparer aujourd'hui les émolumens annuels de tel chanteur ou de telle danseuse avec le traitement d'un maréchal de France ou même avec celui d'un ministre ? Les choses n'allaient pas autrement à l'époque de Juvénal. « Les dépouilles de Carthage, disait le poète, sont la proie d'un joueur de flûte. » A Rome, un acteur d'un grand talent gagnait 100,000 sesterces (102,291 f.) par an, Roscius en gagnait cinq à six cent mille ; du temps de Sylla il reçut mille deniers par jour (818 fr.) Le tragédien Cosopus, malgré ses effrayantes prodigalités, laissa à son fils une fortune de vingt millions de sesterces (4,091,666 fr.) Ajoutons toutefois que les auteurs ne recevaient qu'une bien faible rémunération. Cette injustice s'est long-temps continuée. Shakspeare ne recevait que 3 ou 4 liv. sterl.

pour ses pièces; l'*Attila*, de Corneille, lui fut acheté 2,000 livres, et son *Festin de Pierre*, 200 louis. Notre époque est plus équitable, acteurs et actrices sont largement payés. Les chefs d'emploi aux Italiens, à l'Opéra, reçoivent 100,000 f. de traitement, et les auteurs en vogue n'en obtiennent pas moins. Voici quelle a été la fortune progressive de M. Scribe.

En 1812, une pièce lui fut achetée 100 fr. payable en livres. — En 1816, l'*École du Village* lui fut payée 150 f. — Le *Comte Ory* est vendu 400 fr. — En 1818, la *Visite à Bedlam* se vend 400 fr. — En 1822, M. Scribe vend *Valérie* 3,000 fr. — En 1823, la *Neige* est achetée 700 fr. — En 1833, le manuscrit de *Bertrand et Raton* est acheté 4,500 fr. — En 1834, une *Passion Secrète* est vendue 2,000 fr. — Enfin, dans l'année où parut *Bertrand et Raton*, les droits d'auteur de M. Scribe se sont élevés à 148,000 fr. Nous devons dire aussi que sur les deux cent cinquante nouvelles pièces que les théâtres de Paris donnent tous les ans, M. Scribe collabore à plus d'un quart.

Il n'est pas rare qu'à l'Opéra une représentation à bénéfice produise 24,000 fr. et plus. C'est la solde annuelle de douze capitaines d'infanterie. Il est vrai qu'en ces occasions on augmente de beaucoup le prix des places, qu'une stalle se paie 20 francs au lieu de 10; ce dernier prix est encore exorbitant quand on réfléchit que jusqu'à Molière les places ne se payèrent que dix sous. L'auteur des *Précieuses Ridicules* crut commettre une grande hardiesse en les portant à quinze sous.

C'est une belle carrière aujourd'hui que celle du théâtre. Les planches sont un excellent piédestal pour atteindre à la fortune, voire même à la noblesse. La seule dynastie des

Taglioni compte trois comtesses. Plus d'un acteur est en bon train de devenir millionnaire. Courage donc, jeunes talens, ne vous laissez pas abattre par les premières aspérités, consultez vos forces et laissez clabauder la critique. Un Aristarque de la république disait que le citoyen Talma avait eu tort de se risquer sur la haute scène tragique; qu'il était bon tout au plus à jouer le mélodrame. Talma, cependant, a égalé Lekain !

Nous bornerons là nos considérations générales sur les théâtres, les acteurs et les auteurs dramatiques ; il est une autre classe d'acteurs dont on nous saura gré de ne pas parler, car elle est trop bruyante, ce sont MM. les entrepreneurs de succès : *claqueurs*, *rieurs*, *chatouilleurs* et *châteurs*. Laissons cette noble phalange en paix. Nous allons maintenant donner l'historique de chacun des théâtres de Paris, que nous ferons précéder du tableau présentant la nomenclature exacte des divers théâtres de la capitale, qui sont au nombre de vingt-quatre sans compter les autres lieux d'amusemens publics. En 1791, on ne comptait pas moins de trente-huit théâtres ouverts à Paris.

Académie royale de Musique, rue Lepelletier. — Opéras et Ballets. On joue les lundis, mercredis, vendredis et quelquefois les dimanches. (1,900 places.)

Théatre-Français, rue Richelieu. — Tragédies et Comédies. Les artistes sont sociétaires. Tous les jours. (1,500 places.)

Theatre Ventadour. — Le Drame, la Comédie, le Vaudeville avec airs nouveaux, chœurs et intermèdes. Tous les jours. (1,800 places.)

Théatre royal de l'Opéra-Comique, place de la Bourse. — Opéras comiques. Tous les jours. (1,200 places.)

Théatre royal de l'Odéon, place de l'Odéon. — Tous les jours. (1,628 places.)

Théatre Royal Italien, place des Italiens, salle Favart. — Opéras italiens. On joue les mardis, jeudis, samedis et quelquefois les dimanches. (1,200 places.) *Incendié le 17 janvier 1838.*

Gymnase Dramatique, boulevard Bonne-Nouvelle, 38. — Comédies-vaudevilles. Tous les jours. (1,282 places.)

Théatre du Vaudeville, rue de Chartres-Saint-Honoré, 14 et 16. — Vaudevilles. Tous les jours. (1,237 places.) *Incendié le 17 juillet 1838.*

Théatre des Variétés, boulevard Montmartre, 5. — Vaudevilles et farces. Tous les jours. (1,240 places.)

Théatre du Palais-Royal, au Palais-Royal. — Comédies, Vaudevilles, genre grivois. Tous les jours. (950 places.)

Théatre de la Porte-Saint-Martin, boulevard Saint-Martin, 14 et 16. — Drames, Comédies, Vaudevilles. Tous les jours. (1,900 places.)

Théatre de l'Ambigu-Comique, boulevard Saint-Martin. — Drames et Vaudevilles. Tous les jours. (1,200 places.)

Théatre de la Gaîté, boulevard du Temple, 68. — Drames et Vaudevilles. Tous les jours. (1,200 places.)

Cirque Olympique, boulevard du Temple, 78. — Tous les jours. (1,800 places.)

Théatre des Folies-Dramatiques, boulevard du Temple, 74 et 76. — Drames et Vaudevilles. Tous les jours. (900 places.)

Théatre de la Porte-Saint-Antoine, boulevard Beaumarchais, 23. — Drames et Vaudevilles. Tous les jours. (800 places.)

Théatre du Panthéon, cloître Saint-Benoit. — Drames et Vaudevilles. Tous les jours. (740 places.)

Théatre du Luxembourg, rue Madame, 17. — Drames et Vaudevilles. (600 places.)

Théatre des Jeunes Élèves, passage Choiseul, 65, et rue Monsigny, 4. — Tous les jours. (400 places.)

Théatre du Gymnase des Enfans, passage de l'Opéra. — Tous les jours. (500 places.)

Théatre de Mme Saqui, boulevard du Temple, 60. — Tous les jours, et deux représentations le dimanche. (400 places.)

Théatre des Funambules, boulevard du Temple, 64. — Tous les jours, et deux représentations le dimanche. (500 places.)

Spectacle du petit Lazari, boulevard du Temple, 58. — Tous les jours deux représentations.

Ombres chinoises de Séraphin, Palais-Royal. galerie de Valois, 121, et rue de Valois, 57. (250 places.)

Panorama de la Moscowa, rue des Marais-du-Temple, 40. — Tous les jours de dix heures du matin à cinq heures du soir.

Diorama, rue Samson, 4. — Tous les jours, depuis onze heures du matin jusqu'à quatre heures du soir.

Concerts Saint-Honoré, rue Saint-Honoré, 359. — M. Valentino, chef d'orchestre. Tous les jours.

Concerts Musard, rue Neuve-Vivienne, près le boulevard Montmartre. — L'orchestre, composé de 90 musiciens, est conduit par Musard.

Concerts du jardin turc, boulevard du Temple. — N'ont lieu que dans l'été. Brillant orchestre, dirigé par Jullien ; illuminations.

Tivoli, rue de Clichy, 80, et rue Blanche, 51. — Grandes fêtes pendant la belle saison, les dimanches et les jeudis ; les mardis, fêtes extraordinaires.

L'exploitation théâtrale extra-muros comprend les théâtres :

1º Du Montparnasse, 42, situé hors la barrière de ce nom ; 2º de Montmartre, situé près et hors la barrière Rochechouart ; 3º de Belleville, dans lequel on joue tous les jours ; 4º de Saint-Cloud ; 5º de Saint-Denis ; 6º du Ranelagh, près Passy. L'époque des représentations dans ces trois derniers théâtres est variable.

Ces divers établissemens occupent quinze à seize mille personnes, paient aux hospices une redevance de 7 à 800,000 f., et réalisent une recette annuelle de 8,000,000 f., non compris 1,200,000 fr. de subvention alloués par le gouvernement et répartis entre l'*Académie royale de Musique*, les *Italiens*, les *Français*, l'*Odéon* et l'*Opéra-Comique*.

Tels sont les principaux résultats des théâtres de Paris; mais si l'on tient compte du nombre immense d'étrangers qu'ils concourent à attirer dans cette métropole; des dépenses énormes qu'ils excitent, et de l'activité qu'ils donnent à une foule d'industries, enfin des secours occasionnels qu'ils procurent aux malheureux durant les calamités imprévues ; on ne saurait trop encourager et protéger un art qui exerce une si heureuse influence sur la société qui le cultive et qui donne à la France une supériorité si marquée sur toutes les autres nations d'Europe. Tous les journaux ont des époques et une place spéciale pour célébrer cette gloire ; plusieurs publications littéraires se sont exclusivement vouées à l'art dramatique ; et enfin pour tenir le public sans cesse au courant de tout ce qui se passe dans ce monde si agité et si mobile, deux journaux paraissent chaque jour à l'heure de l'ouverture des théâtres, et disent aux vingt mille spectateurs qui se pressent dans leur enceinte toutes les particularités du spectacle ; les noms et le rôle des acteurs ; les défauts et les beautés des pièces représentées ; les bruits du foyer et des coulisses ; les succès et les défaites de la veille ; les espérances du lendemain ; les probabilités de la soirée. Ces deux journaux, l'*Entr'Acte* et le *Vert-Vert*, rédigés avec talent par des écrivains pleins de goût et d'esprit, contribuent à populariser nos chefs d'œuvre scéniques, ainsi que ceux qui y prennent part ; et sont devenus le cicérone indispensable de tous les spectateurs intelligens.

Nous allons maintenant commencer l'histoire spéciale de chaque théâtre.

THÉATRE ITALIEN.

Ce théâtre, construit sur les dessins de l'architecte Heurtier, occupe une partie de l'emplacement de l'ancien hôtel Choiseul. Les travaux commencés en 1781 furent terminés en 1783. Les acteurs de l'Opéra-Comique firent l'ouverture de la nouvelle salle par une pièce de circonstance, et le spirituel Favart lui donna son nom, qui sert encore quelquefois à la désigner. MM. les artistes de la comédie à ariettes, ne voulant pas être confondus avec les histrions des boulevarts, exigèrent que la façade du nouveau théâtre regardât la ville et tournât, par conséquent, le dos à la promenade la plus animée de Paris. Cette

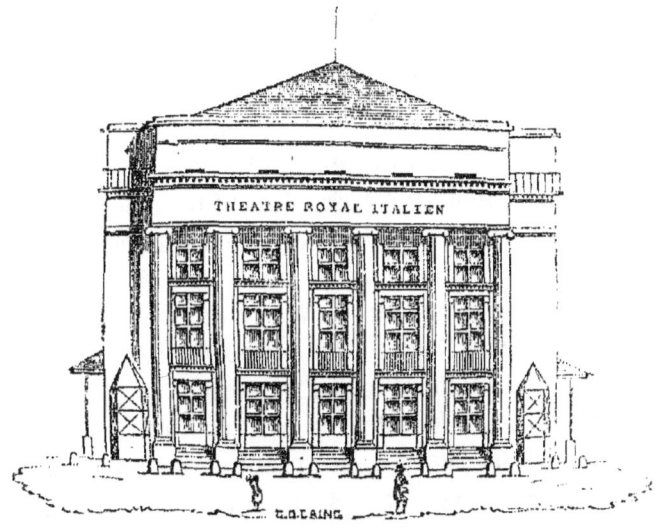

façade, bien que située sur une étroite place, ne manque pas d'une certaine dignité. Six colonnes d'ordre ionique forment son péristyle un peu lourd. L'intérieur de la salle était élégamment disposé, mais un incendie survenu en janvier 1838 n'a laissé que les quatre murs. Quelle catastrophe pour les admirateurs du beau talent des Rubini, des Lablache, des Grisi ! Mais la désolation a été courte. Les représentations ont été reprises presque immédiatement à la salle Ventadour.

Si nous avons donné le pas au théâtre Italien sur l'Académie Royale de Musique, c'est que l'opéra français est frère cadet de l'opéra italien. En 1645, le cardinal de Mazarin fit venir d'Italie une troupe d'acteurs et de musiciens qui jouèrent devant Louis XIV enfant et la reine mère, sur le théâtre du Palais-Royal, une comédie lyrique, *la Finta Pazza* de Strozzi, deux ans plus tard *Orfeo ed Eurydice* de Zarlino. La première de ces deux pièces avait de singuliers intermèdes : un ballet de singes et d'ours, une danse d'autruches, une entrée de perroquets. La seconde était ornée de machines d'un effet merveilleux et précédée d'un prologue avec évolutions militaires et la prise d'une place forte par les troupes françaises. Le prologue plut à ceux dont il flattait la vanité, et la mode en fut continuée durant près d'un siècle.

Lors du mariage de Louis XIV, une nouvelle troupe italienne fit entendre l'opéra de *Ercole Amante*. La munificence du cardinal donna le plus grand luxe à cette représentation. Vigarani de Modène avait construit au château des Tuileries un superbe théâtre où des machines enlevaient cent personnes à la fois. Mais, dans l'intervalle, l'opéra français était né ; on avait pris goût aux paroles françaises : les chanteurs italiens n'eurent qu'un demi-succès et se retirèrent. Lorsqu'une autre troupe traversa les monts,

Lulli, après avoir créé l'Opéra français, venait d'être détrôné par Rameau. La pureté des compositions que les bouffes exécutèrent dissipa le prestige de la musique de ce dernier. Mais les Lullistes et les Ramistes se rallièrent contre l'ennemi commun. Ce fut une pluie de pamphlets ; un combat qui ne se livra pas toujours à armes courtoises et dont le résultat fut l'expulsion des artistes italiens, qui nous laissèrent en partant le goût de l'opéra-buffa ou de la comédie à ariettes, d'où est né l'opéra-comique. Peu de temps après la mort de Louis XIV le régent fit venir une nouvelle troupe italienne. En 1789, Monsieur, comte de Provence, depuis Louis XVIII, en prit une autre sous son patronage. Cette dernière joua d'abord sur le théâtre de Tuileries, puis dans la salle qu'on lui fit bâtir rue Feydeau et qui prit le nom de théâtre de Monsieur. L'avénement de Bonaparte au consulat attira une nouvelle troupe. Ce fut en 1801 qu'elle débuta sur le joli théâtre de la Victoire. Dix ans plus tard elle fut remplacée par un meilleur choix d'artistes, qui allèrent s'établir à la salle Favart désertée par l'Opéra-Comique. Le théâtre Italien est naturalisé depuis lors en France. Napoléon en fit un des luxes de sa cour. Il dépensa des sommes énormes pour attirer à Paris les compositeurs et les chanteurs d'Ausonie. Le théâtre Italien, placé sous le patronage de l'impératrice, fut d'abord logé dans la salle Louvois, puis à l'Odéon, et doté pendant dix années successives de près de 300,000 francs sur la cassette impériale. La faveur aristocratique dont jouissent les bouffes date de cette époque.

L'ex-salle Favart désertée par l'Opéra-Comique en 1797 était depuis lors réduite à l'état de succursale et s'était ouverte successivement à la troupe de l'Opéra-Buffa, dirigée par madame Catalani, à la troupe de l'Odéon, à l'Académie Royale de Musique qui y donna plusieurs représentations durant la construction de la salle Lepelletier. Mais en 1825 le sort du théâtre italien fut définitivement fixé. Acquis par la liste civile de Charles X, il fut mis à la disposition de la troupe italienne qui l'occupe encore.

Dans le résumé historique qui précède, nous n'avons dû parler que de l'opéra italien ; le lecteur nous saura gré de dire ici deux mots sur les destinées de la comédie italienne en France. En 1570, un nommé Albert Ganasse établit à Paris un théâtre italien où on jouait des comédies et même des tragédies. Le 15 septembre de la même année, l'autorité fit fermer son théâtre, se fondant en partie sur ce qu'il exigeait des prix exorbitans : quatre et cinq sous par personne !!! Une autre troupe d'Italiens parut à Paris en 1576, et joua plusieurs farces ; mais les doyens et maîtres de la Passion ayant porté plainte, la nouvelle boutique fut fermée. L'année suivante, Henri III fit venir de Venise à Blois d'autres comédiens italiens appelés *Gli Gelosi*. Ces bouffons, après avoir joué leurs farces dans la salle même des États, se rendirent à Paris, où le parlement leur ordonna en vain de cesser leurs représentations qui, dit un auteur du temps, n'enseignaient que paillardise. Ils obtinrent des lettres-patentes du roi, et sur le refus que fit le parlement d'enregistrer ces lettres ils jouèrent par ordonnance : « Les farceurs, les bouffons, les p***** et mignons avaient tout crédit auprès du roi, » dit l'écrivain déjà cité. Une ordonnance de police de 1609 fait mention d'un théâtre italien qui existait depuis plusieurs années rue de la Poterie, hôtel d'Argent. Le 16 octobre 1608, Henri IV écrit au fils du duc de Sully de faire payer aux comédiens italiens la somme de six cents livres qui leur est due sur les mois passés et de les faire partir sur-le champ pour Fontainebleau, où sa majesté désire qu'ils jouent en sa présence. Enfin, le cardinal Mazarin, en 1639, fit venir une troupe de comédiens italiens qui jouèrent à l'hôtel de Bourgogne. Les plus célèbres étaient Tiberio Fiorelli, dit Scaramouche, et Dominique qui jouait les arlequins et correspondait avec un pape. Les pièces de ces farceurs italiens étant écrites en français, les comédiens nationaux se plaignirent; la cause fut portée devant le roi. Après le plaidoyer de Baron, Dominique dit au royal arbitre : « Sire, comment parlerai-je ? » « Comme tu voudras, répartit le roi. » « J'ai gagné mon procès, » s'écria Dominique. Par malheur, peu de temps après, les comédiens italiens annoncèrent une pièce nouvelle intitulée *la Fausse Prude*. Madame de Maintenon prit l'alarme, et les scellés furent apposés sur l'imprudent théâtre, en 1667. Arlequin vint faire des représentations au roi : « Vous ne sauriez vous plaindre, lui dit celui-ci, que le cardinal Mazarin vous ait fait venir de votre pays. Vous êtes venus à pieds, vous vous en retournerez en carrosse. » Le régent rappela plus tard Arlequin, qui mourut à Paris, le 2 août 1688, laissant 300,000 livres de bien à ses héritiers.

Un autre arlequin célèbre amusa les Parisiens pendant plus de quarante ans. Ce fut Antoine Vincentini, plus connu sous le nom de Thomassin. Comme la plupart de ceux dont la profession est d'exciter le rire, depuis l'auteur comique jusqu'au paillasse, depuis Molière jusqu'à Deburau, Thomassin avait l'humeur mélancolique. Un médecin qu'il consultait lui conseilla d'aller voir Arlequin. « Dans ce cas, reprit Thomassin, il faut que je meure de ma maladie; car je suis cet Arlequin auquel vous me renvoyez. » A Thomassin succéda le célèbre Carlin.

GRAND OPÉRA OU ACADÉMIE ROYALE DE MUSIQUE.

Cette salle, située rue Lepelletier et construite sur les dessins de M. Debret, a été ouverte le 18 août 1823. Son

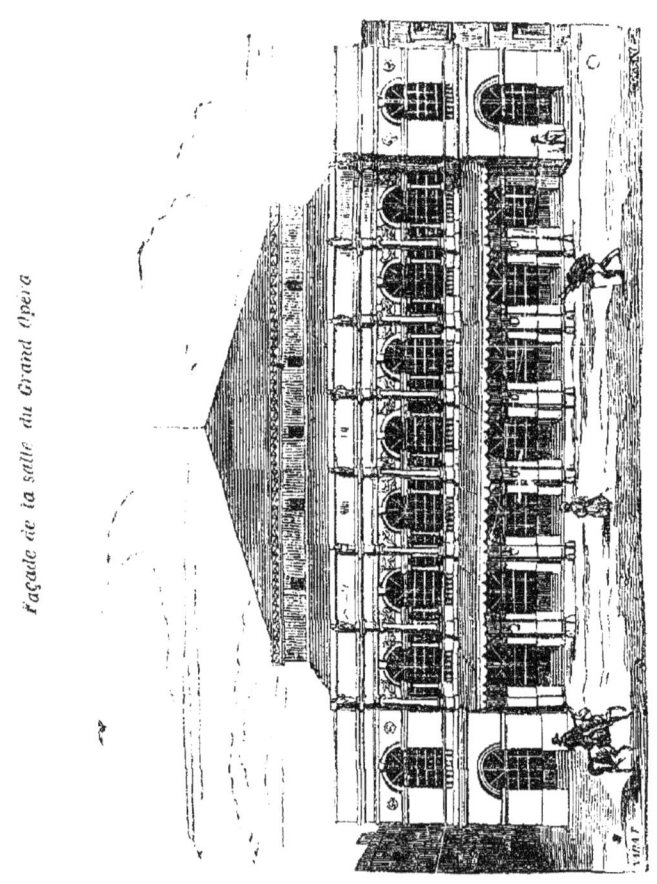

Façade de la salle du Grand Opéra

extérieur n'a rien de monumental. On a surtout critiqué l'auvent mesquin qui coupe la façade ; mais l'architecte n'avait pas l'intention d'enrichir Paris d'un monument nouveau, il voulait seulement loger le mieux possible et provisoirement l'Opéra resté sans asile depuis l'attentat de Louvel. Le dôme majestueux a été sacrifié au comfortable. Les abords du théâtre sont faciles, les dégagemens et les vestibules sont très-vastes. Les piétons n'ont rien à redouter des voitures. Trois issues servent à l'évacuation de la salle : celle de la rue Lepelletier est destinée aux équipages ; celle de la rue Chauchat aux voitures de place; celle de la rue Grange-Batelière aux piétons, bien qu'ils soient libres d'en choisir une autre. Quant à l'intérieur de la salle, la décoration en est riche. La scène, aussi large que dans l'ancien théâtre de la rue Richelieu, a vingt pieds de plus de profondeur. La salle, très sonore et bien éclairée au gaz, contient 1937 spectateurs, sans compter ceux qui s'entassent dans les couloirs aux jours de grandes recettes. Le foyer est mesquin, trop long pour l'exiguïté de sa largeur.

Nos limites nous obligent à n'extraire des annales de l'Opéra qu'un petit nombre de faits. Le succès de l'*Orfeo* dont nous avons parlé, à propos du théâtre Italien, donna l'idée de composer des opéras français. L'abbé Perrin écrivit une pastorale qu'un nommé Cambert mit en musique, et qui fut d'abord jouée dans la maison d'un particulier. On goûta surtout, dit un historien de l'Opéra, la douce mélodie des flûtes que le compositeur avait su marier à celle des violons. Le cardinal accueillit avec empressement les auteurs de la pastorale, et, d'après ses ordres, on la joua plusieurs fois à Vincennes devant le roi. Perrin et Cambert encouragés par ce premier succès s'occupèrent de la composition d'*Ariane*. On répétait cette pièce, lorsque le cardinal vint à mourir. Perrin ne se découragea pas : il sollicita et obtint en 1669 des lettres-patentes portant permission d'établir des académies de musique pour chanter en public des pièces de théâtre. Pour exploiter ce privilége, il s'associa le marquis de Sourdeac, grand seigneur et habile machiniste, qui avait fait représenter splendidement, dans son château de Normandie, *la Toison-d'Or* de Corneille. Champeron, troisième associé, devait fournir les espèces. Vu la disette d'acteurs lyriques, on fit une presse dans les cathédrales du midi, et la nouvelle troupe s'exerça à l'hôtel de Nevers, tandis que l'on transformait en salle de spectacle le jeu de paume de la rue Mazarine. C'est là que parut *Pomone*, le premier opéra français joué en public. La musique était de Perrin, les paroles de Cambert : Saint Evremont dit en parlant de cette pièce : « On voyait les machines avec surprise, les danses avec plaisir ; on entendait le chant avec agrément, les paroles avec dégoût. » On peut en dire autant de beaucoup d'opéras modernes. *Pomone*, représentée pendant huit mois avec un succès soutenu, mit 30,000 francs dans la poche de l'abbé Perrin. Ici commencent les trahisons. Le marquis de Sourdeac s'empare du théâtre, quitte Perrin pour Gilbert qui lui donne une pastorale dont Lulli fait la musique. Cet habile musicien, qui était aussi un habile homme, obtint par le crédit de madame de Montespan que Perrin lui cédât son privilége. Muni de ce privilége, il met Gilbert à la porte, plante là Sourdeac et fait élever au jeu de paume de la rue de Vaugirard un nouveau théâtre où l'on joua les *Fêtes de l'Amour et de Bacchus*, en 1672. Le poème était de Quinault. *Cadmus et Alceste* des mêmes auteurs parurent bientôt après, Lulli s'engageant à payer à son collaborateur une somme de quatre mille francs pour chacun des opéras qu'il lui fournirait, à condition de mettre une année d'intervalle entre chacun, c'est-à-dire que Quinault était attaché à l'entreprise de Lulli en qualité de compositeur de paroles, aux appointemens de quatre mille livres. Ce n'est pas M. Scribe qui eût fait un pareil marché.

Après la mort de Molière, en 1673, le roi donna à Lulli la salle du Palais-Royal, où l'Opéra est resté près d'un siècle. Cette salle, brûlée le 6 avril 1763, fut rouverte au public le 26 janvier 1770, et incendiée de nouveau le 8 juin 1781. L'entrée était sur la place du Palais-Royal et on y parvenait par un cul-de-sac étroit.

Le duc d'Orléans régent désirait que cette salle de spectacle servît aussi de salle de bal. Un moine Carme, nommé le père Sébastien, mécanicien habile, trouva le moyen d'élever le parterre au niveau de la scène et de la rabaisser à volonté. Le premier bal de l'Opéra y fut donné le 2 janvier 1716.

Lors du second incendie de la salle du Palais-Royal, on construisit en quarante-cinq jours le théâtre de la Porte-Saint-Martin que l'Opéra occupa dix ans. Il le quitta pour la salle de la rue Richelieu. Cette salle construite au commencement de la révolution par la demoiselle Montansier et compagnie, directrice d'un théâtre de Paris, prit successivement le nom de théâtre National et de théâtre des Arts. La fondatrice encourut l'envie. On l'accusa d'avoir fait construire son théâtre en face de la bibliothèque Nationale pour incendier celle-ci. L'absurdité de l'accusation n'empêcha point la pauvre demoiselle d'être emprisonnée; mais aussitôt sa mise en liberté, elle réclama des dommages-intérêts et la restitution de son théâtre où l'Opéra s'était installé. Un décret du 7 messidor an III porte que la nation devient propriétaire dudit théâtre, moyennant une somme de huit millions en assignats. L'Opéra occupait encore la salle de la rue Richelieu, salle vaste, isolée, commode, lorsque le 12 février 1820, à onze heures du soir, le duc de Berry fut assassiné par Louvel, au moment où il conduisait la duchesse sa femme à son carrosse. Le théâtre fut fermé et qui plus est condamné à la démolition. Certes, si les pierres parlaient, la salle Richelieu eût été en droit d'adresser cette question au gouvernement d'alors :

> Du crime de Louvel mes murs sont-ils complices?

Un monument expiatoire commençait à s'élever sur l'emplacement du théâtre *supplicié*, lorsque la révolution de juillet est survenue; il est aujourd'hui remplacé par une fontaine. L'Opéra, comme nous l'avons dit en commençant, est donc aujourd'hui logé rue Lepelletier. Pour soutenir sa vogue, ce théâtre aurait dû conserver des compositeurs comme Rossini et Meyerbeer, des chanteurs comme Nourrit et Duprez, des danseuses comme Taglioni et Fanny Elssler. Mais la lyre de Rossini est muette : Nourrit chante à Naples et Taglioni danse à St-Pétersbourg.

THÉATRE-FRANÇAIS.

Ce théâtre, aussi nommé théâtre de la Comédie-Française, est situé rue Richelieu, n. 6, et attenant au Palais-Royal. Douze colonnes d'ordre dorique décorent sa façade; au-dessus de cette ordonnance en est une autre composée d'autant de pilastres corinthiens. L'ensemble est fort commun. Autour de l'édifice règne une galerie couverte.

Le plan du vestibule intérieur où l'on voit la statue de

Voltaire est de forme elliptique. Le plafond chargé d'ornemens a trop peu d'élévation. Il est soutenu par trois rangs de colonnes doriques, accouplées au premier rang et isolées aux deux derniers. Quatre escaliers bien disposés aboutissent à ce vestibule. La décoration de la salle est assez belle.

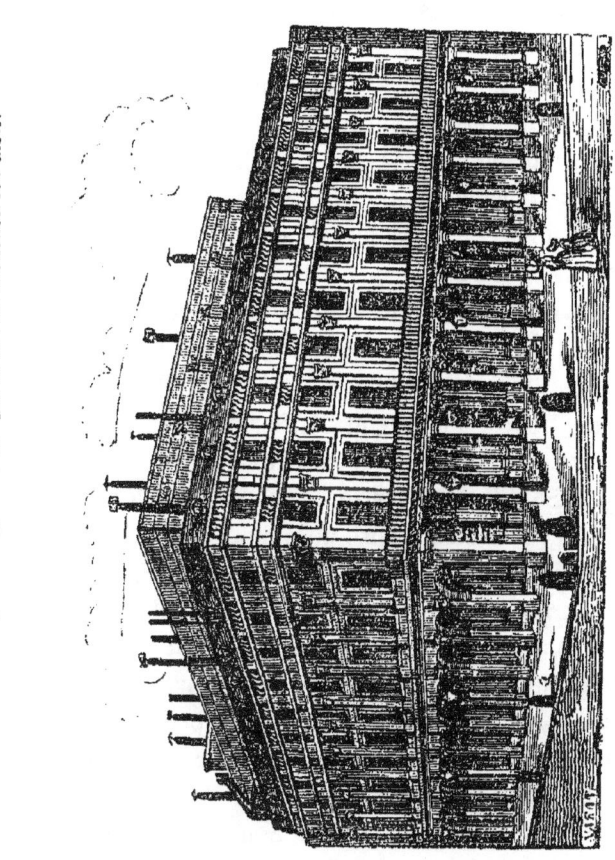

Théâtre-Français. Vue prise à l'angle de la rue Richelieu et l'alois.

L'avant-scène a trente-huit pieds d'ouverture; le théâtre en a soixante-neuf de profondeur et autant de largeur.

Le Théâtre-Français, commencé en 1787 sur les dessins du sieur Louis, fut achevé dans l'espace de deux années et ouvert au public le 15 mai 1790. Les comédiens des Variétés-Amusantes, auxquels il était destiné, y jouèrent jusqu'en 1799. A cette époque, l'incendie de la salle de l'Odéon obligea les comédiens français à jouer sur le théâtre des Variétés qu'ils firent réparer par le sieur Moreau.

Ce théâtre prit alors le nom de théâtre de la république. Il le quitta sous l'empire pour reprendre celui de théâtre de la Comédie-Française. Le célèbre Talma fit long-temps sa gloire ; mademoiselle Mars y joue encore. Talma n'a pas été remplacé : mademoiselle Mars le sera-t-elle ? Nous n'osons l'espérer.

Les classiques et les romantiques sont tour à tour applaudis à la salle Richelieu par un public dont le goût est fort élastique. Corneille et Alexandre Dumas, Racine et Victor Hugo, Molière et M. Scribe ont travaillé pour ce théâtre. Gardons-nous d'oublier Voltaire et Casimir Delavigne. Si le lecteur trouve ces noms singulièrement accouplés, il doit s'en prendre au public. On joue au Théâtre-Français la tragédie, la comédie et le drame (*voyez l'Odéon*).

La troupe des Variétés-Amusantes, qu'il ne faut pas confondre avec les Variétés actuelles, jouait d'abord boulevart du Temple, au coin de la rue de Bondy. Le sieur l'Ecluse, illustration foraine, jouissant de la protection du lieutenant de police, avait fait construire en 1778 ce théâtre où il voulait faire revivre le genre de Vadé. Lui-même jouait parfaitement les poissardes. Son théâtre ouvert l'année suivante acquit beaucoup de vogue, grâce au mérite de Volange qui faisait pouffer de rire dans une farce intitulée *Les Battus paient l'Amende*. Cet acteur, mécontenté, se retira et alla jouer aux Italiens; mais une augmentation d'émolumens et la froideur de ses nouveaux confrères le ramenèrent boulevart du Temple. Protégé par le duc de Chartres et le lieutenant de police, le spectacle des Variétés sortit de la classe des théâtres forains et vint s'établir en 1786 au Palais-Royal où on lui avait construit une salle sur l'emplacement du parterre d'Enée, ainsi nommé parce qu'il était contigu à la galerie d'Enée. Cette galerie elle-même devait son nom à des peintures dont les sujets étaient empruntés à l'Enéide.

THÉATRE DE L'ODÉON.

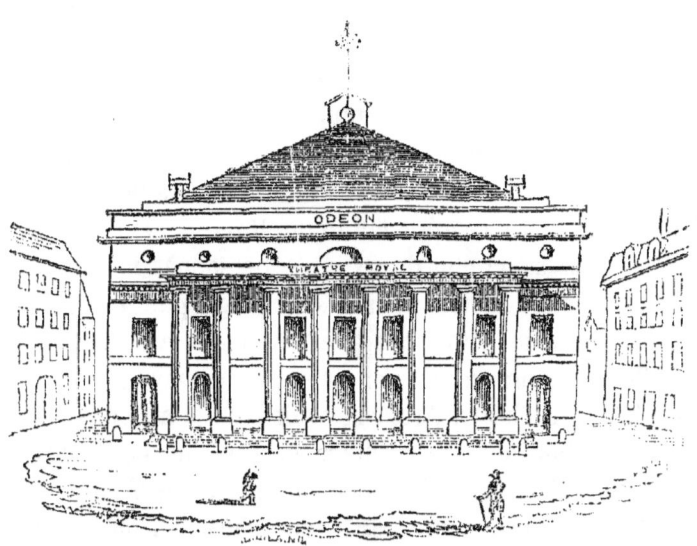

Ce théâtre, le plus monumental peut-être de Paris, est situé sur la place de l'Odéon, faubourg St-Germain. Sa forme est celle d'un rectangle dont les deux grands côtés sont dirigés du midi au nord. Au plus petit côté qui regarde ce point est adossé un péristyle de huit colonnes doriques. Les trois autres côtés sont percés d'arcades sous lesquelles règne une galerie publique. Ces arcades sont au nombre de 46. L'édifice est complètement isolé : il a 18 toises et demie de largeur, 29 de profondeur, 9 d'élévation. La forme intérieure de la salle est ovoïde. Son grand axe est de 56 pieds, son petit de 47.

Plusieurs plans furent proposés quand on songea à construire l'Odéon ; mais celui du sieur Wailly fut définitivement adopté. On rapprocha le nouveau théâtre du Luxembourg, afin que Monsieur, frère du roi, qui occupait ce palais, pût se rendre au spectacle par une galerie souterraine. Les travaux commencés, en 1779, furent terminés en 1782, et la nouvelle salle ouverte au public prit le titre de Théâtre-Français, titre auquel ont succédé plusieurs autres. Ce fut la première salle éclairée aux lampes, dites quinquets, en 1784. C'est dans cette salle qu'on donna, en 1780, la première représentation du *Mariage de Figaro*. La reine y assistait ; plus de six mille personnes ne purent avoir de billets. Les temps sont bien changés pour l'Odéon. C'est encore dans cette salle que fut rendu le décret des Cinq Cents qui proscrivait Carnot et Barthélemy.

En 1790, le Théâtre-Français avait reçu le nom de théâtre de la Nation, il prit en 1797 celui d'Odéon. Le 18 mars 1799, un violent incendie força les comédiens français à quitter ces ruines fumantes et à venir s'installer au Palais-Royal où ils sont restés.

En 1807, l'Odéon fut entièrement reconstruit et reçut le titre de théâtre de l'Impératrice. Il redevint en 1814 le second Théâtre-Français. Incendié de nouveau le 20 mars

1818, sous la direction de Picard, il fut restauré par le sieur Baraguey et rouvert au public le 1er octobre suivant.

Un court aperçu des migrations des comédiens français, avant leur établissement à l'Odéon, trouvera ici sa place. Les comédiens français sont les héritiers directs des confrères de la Passion. Ceux-ci, armés d'anciens priviléges, exerçaient leur monopole théâtral avec la dernière rigueur, lorsqu'un édit de décembre 1676, enregistré au parlement le 4 février 1677, mit fin à ces tracasseries et supprima la confrérie de la Passion. On sait que les confrères n'exerçaient déjà plus eux-mêmes ; la troupe sur laquelle ils s'étaient déchargés de ce soin se nommait les Enfans sans souci, et son chef, « le prince des sots. » Forcée de s'abstenir des sujets religieux, elle exploita les vieux romans de chevalerie et donna, entre autres pièces, *Huon de Bordeaux*. Nous retrouvons au temps de Molière les comédiens français à l'hôtel de Bourgogne où ils s'étaient vus souvent forcés d'alterner avec les comédiens italiens. Cependant le cardinal de Richelieu, en établissant deux théâtres dans son palais, l'un destiné à une société choisie, l'autre au public, avait mis la comédie en grand honneur. Des jeunes gens de Paris à la tête desquels était Molière formèrent une troupe de comédiens ambulans ; ils firent dresser un théâtre dans le jeu de paume de la Croix-Blanche, rue de Bussy, faubourg St-Germain, et lui donnèrent le nom de théâtre illustre. Après y avoir joué trois ans, ils parcoururent les provinces et revinrent à Paris en 1658. Molière et sa troupe débutèrent au mois d'octobre de la même année, sur un théâtre dressé au Louvre dans la salle des gardes. Louis XIV honora de sa présence cette représentation, composée de *Nicomède* et des *Docteurs Amoureux*. Satisfait des acteurs, il leur accorda l'hôtel du Petit-Bourbon (1) où ils débutèrent le 3 novembre suivant par *l'Étourdi* et le *Dépit Amoureux*.

En 1660, l'hôtel du Petit-Bourbon devant être démoli, la troupe de Molière fut logée au Palais-Royal. Elle débuta le 5 novembre.

Ce théâtre, déjà illustré par les chefs-d'œuvre de Corneille et de Racine, se maintint avec éclat jusqu'à la mort de Molière. C'est là que fut joué *Tartufe*. Molière mort, le théâtre du Palais-Royal fut donné à l'Opéra. La troupe royale ou illustre, déconcertée par la mort de son chef, promena ses pénates dans tout Paris.

En novembre 1673, elle jouait dans un local de la rue Mazarine, apparemment dans le jeu de paume du Bel-Air où l'Opéra avait pris naissance. Peu de temps après, elle éleva un théâtre dans le voisinage, rue Guénégaud. Lors de l'agrégation du collège Mazarin aux collèges de l'Université, les docteurs de Sorbonne exigèrent comme condition préliminaire que le théâtre Guénégaud fût transféré plus loin; mais les réclamations de tous les curés empêchant que les comédiens ne s'établissent ailleurs, force leur fut de rester où ils étaient. Le roi par lettres patentes du 22 octobre 1680 réunit à la troupe de la rue Guénégaud

---

(1) L'Hôtel du Petit-Bourbon, qui avait appartenu jadis au connétable de Bourbon, était situé près du Louvre, du côté de Saint-Germain-l'Auxerrois; démoli en grande partie en 1525, il n'en restait que la chapelle et une galerie. Ce fut dans cette galerie que l'on éleva un théâtre où la cour donnait des fêtes et des ballets. Les princes et Louis XIV dans sa jeunesse y venaient danser publiquement. En 1660, pour agrandir la place du Louvre et construire sa façade de ce côté, on démolit la galerie.

celle de l'hôtel de Bourgogne. Les deux troupes, trouvant le local trop petit, achetèrent l'hôtel de Lussan et une maison voisine dans la rue Neuve-des-Petits-Champs; mais le roi annula cette acquisition et permit aux comédiens de s'établir dans le jeu de paume de l'Étoile, rue des Fossés-Saint-Germain. Ils occupèrent cette salle sous le titre de comédiens ordinaires du Roi jusqu'au temps de Pâques 1770, époque où l'insuffisance et le peu de solidité du bâtiment les obligèrent à déloger encore pour jouer provisoirement sur le théâtre des machines au palais des Tuileries. Louis XIV, voulant remplacer le théâtre du Petit-Bourbon, lors de sa démolition, avait fait construire dans la partie septentrionale des Tuileries une salle de spectacle destinée à la représentation des ballets et des comédies. Après avoir occupé dix ans environ le théâtre des Tuileries, les comédiens français ordinaires du Roi allèrent occuper la salle de l'Odéon, bâtie pour eux.

L'Odéon était naguère annexé au Théâtre-Français. On y jouait la tragédie, la comédie et le drame. L'Odéon vient d'ouvrir les portes aux *Italiens* incendiés : c'est là que les dignes interprètes de Bellini, de Cimarosa et de Rossini feront désormais entendre leurs harmonieux accens.

THÉATRE VENTADOUR.

Ce théâtre, construit en 1829 pour recevoir l'Opéra-Comique, ne servit que pendant fort peu de tems aux représentations du genre auquel il était destiné. Les chanteurs ne trouvaient pas la salle assez sonore, et le caissier se plaignait aussi de la dimension du vaisseau. Le théâtre Ventadour, abandonné en 1831 par l'Opéra-Comique, donna pendant

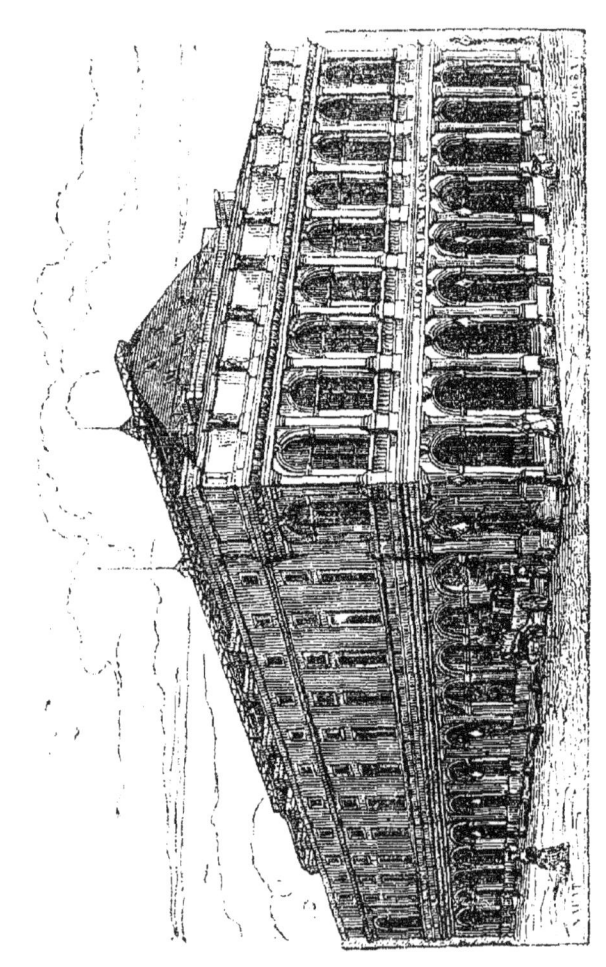

Théâtre Ventadour.

quelque temps l'hospitalité à la troupe nautique de M. Henry. Un instant les Parisiens crurent que la salle Ventadour allait leur reproduire les rives de l'Océan, les faire assister à des combats de mer, à la pêche de la baleine, ou les transporter au milieu des lagunes de Venise. Rien de tout cela. L'affiche d'ouverture leur annonça combien ils s'étaient trompés sur le genre nautique. La première pièce jouée sur ce théâtre fut *Guillaume Tell*, ballet-pantomime en action, dans lequel la barque de Gessner était montée sur quatre roues bien graissées, fort proprement entourées de lisières de drap, afin de ne pas nuire au prestige de l'illusion. La *Fête des Lanternes* à Pékin fournit l'occasion aux directeurs de donner au public un spécimen des ressources aquatiques de leur théâtre ; un jet d'eau fort exigu fut introduit comme accessoire dans plusieurs actes. Dès ce moment, le théâtre nautique tomba dans le discrédit, et s'engloutit dans ses propres eaux. Depuis cette époque, la salle Ventadour ne s'ouvrit qu'à de longs intervalles pour différentes exhibitions, lorsque le 17 janvier 1838 les *Italiens* incendiés vinrent lui demander asile : la salle fut modifiée en quelques jours, les défauts d'acoustique réparés, et les belles voix de Grisi, de Rubini, de Lablache, s'y firent entendre dans tout leur éclat. Les Italiens continuèrent dans cette salle le cours de leurs succès durant le reste de la saison.

Cet heureux résultat a décidé M. Anténor Joly à choisir la salle Ventadour pour le siége du théâtre de la Renaissance, dont le privilége embrasse tous les genres, et où toutes les sommités dramatiques, acteurs et auteurs, se sont fait un devoir d'apporter leur tribut de verve et de talent pour accroître l'intérêt et la curiosité qu'offriront les divers genres représentés sur cette scène. Victor Hugo, Alexandre Dumas, Frédéric Soulié, Alphonse Royer, Casimir

Delavigne, Roger de Beauvoir seront les premiers auteurs représentés.

THÉATRE DE L'OPÉRA-COMIQUE.

Pour un spectacle qui s'est fait bâtir d'aussi belles salles

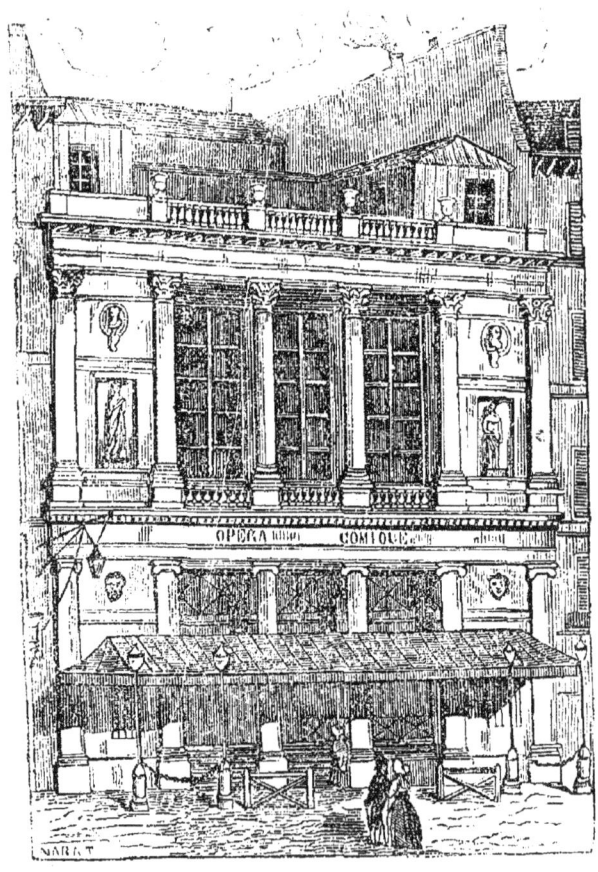

que le théâtre Italien et le théâtre Ventadour, l'Opéra-Comique est aujourd'hui bien mal logé.

En sortant du palais de la Bourse par la porte d'occident, on aperçoit en face et un peu à gauche un péristyle étroit formé de deux rangs de colonnes superposées. C'est le portique de l'ex-théâtre des Nouveautés. C'est là qu'habite aujourd'hui l'Opéra-Comique, c'est là qu'un nombreux public vient applaudir Chollet et madame Damoreau.

L'origine de l'Opéra-Comique remonte à 1714. Ce n'était alors qu'un spectacle forain, établi sur les boulevards du Nord et à la foire St-Germain. Vivement tracassé par les théâtres à privilége, il obtint en l'année susdite le titre d'Opéra-Comique, et l'Académie Royale de Musique lui accorda la permission de jouer des petites pièces mêlées de danse, à condition qu'aucune parole n'y serait proférée qu'en chantant.

Ce nouveau spectacle obtint la vogue par l'esprit, la grâce, la gaîté de ses pièces. Lesage, entre autres hommes de lettres, lui fournit plusieurs pièces ; le succès de l'Opéra-Comique offusqua les comédiens français qui en vertu de leurs priviléges réussirent à ôter la parole à ses acteurs. Ceux-ci furent réduits à jouer des pantomimes ; mais le public leur restant fidèle, le spectacle rival fut supprimé tout-à-fait en 1718, de par les comédiens du Roi.

Il se releva en 1724 pour être fermé de nouveau en 1745. Rouvert cinq ans plus tard, il devint bientôt, sous l'habile direction du sieur Jean Monet, un des spectacles les plus à la mode et mérita d'être réuni aux comédiens Italiens privilégiés. Cette réunion s'étant opérée le 19 avril 1762, l'Opéra-Comique alla s'installer à l'ancien hôtel de Bourgogne. Nous devons faire observer que la troupe dite des Italiens comptait plusieurs artistes français, entre autres La Ruette et madame Favart, célèbre par son esprit et par sa liaison avec l'abbé de Voisenon qu'on accusait d'être l'auteur des œuvres attribuées à son mari et jouées par la femme. La réunion des deux troupes avait été arrêtée le 7 mars; le 9 avril suivant, elles jouèrent ensemble la pièce des *Trois Sultanes*. Nous citons cette pièce parce qu'elle fut montée avec le plus grand soin. Pour être sûr d'une parfaite exactitude, on fit fabriquer les costumes à Constantinople !!!

En 1780, il n'y avait plus d'Italiens dans cette troupe qui n'en conservait pas moins son titre de Comédie Italienne. La Comédie Italienne avait d'abord payé à l'Opéra un tribut annuel de 22,000 livres. En 1765, cette somme s'accrut du double. En 1767, elle fut fixée à 40,400 livres. On voit que l'Opéra-Comique a bien gagné sous ce rapport, puisque loin de payer tribut à personne, il jouit ainsi que le grand Opéra, le théâtre Italien et la Comédie Française, d'une riche subvention.

En 1783, la comédie soi-disant Italienne, mais que nous appellerons l'Opéra-Comique, pour éviter la confusion quitta l'ancienne salle de l'hôtel de Bourgogne pour occuper celle qu'on venait de lui bâtir sur le boulevard Italien. Elle y joua jusqu'en 1797, époque où des réparations urgentes la forcèrent de s'installer rue Feydeau, sur le théâtre que Monsieur, comte de Provence, avait fait construire et auquel il avait donné son nom. C'est de la salle Feydeau que l'Opéra-Comique s'est transvasé place de la Bourse.

Chollet, ancien enfant de chœur de St-Eustache; madame Damoreau, née Cinti-Montalant, maîtresse de chant au Conservatoire; Jenny-Colon, la piquante Madelon Friquet des Variétés; Mlle Prévost, digne corollaire de Chollet; Couderc et Révial, tous deux nés à Toulouse, cité féconde en chanteurs, sont aujourd'hui les principaux acteurs de la troupe de l'Opéra-Comique et les dignes interprètes d'Hérold, de Auber, de Caraffa, d'Adam, de MM. Scribe et de Planard.

THÉATRE DU GYMNASE-DRAMATIQUE.

Cette salle, construite en 1820 et en trois mois, d'après les dessins des architectes Rougerin et de Guerchy, est située sur le boulevard Bonne-Nouvelle. Sa façade est ornée de deux rangées de six colonnes ioniques et corinthiennes, engagées des trois quarts avec pilastres dans les angles. Un fronton règne dans sa partie supérieure. Le vestibule est petit, ainsi que le foyer. Un immense auvent contraste avec les proportions de la façade et en dévore la moitié. La salle est semi-circulaire; la disposition des étages est favorable aux toilettes des femmes, elles n'y sont point encaissées jusqu'au cou comme dans d'autres théâtres. De là sans doute la vogue dont le Gymnase a joui sous la restauration. Le patronage de la duchesse de Berry qui lui avait permis de prendre le nom de *Théâtre de Madame* a nécessairement contribué à un succès dont il serait injuste de ne pas attribuer la plus grande partie aux jolies pièces de M. Scribe.

Le Gymnase a vu plus d'une fois depuis la révolution de juillet renaître ses beaux jours; c'est lorsque Bouffé joue dans une pièce dont la nullité ne neutralise pas son talent. Bouffé, qui malheureusement est d'une santé très-délicate, est l'âme du Gymnase. Comédien des pieds à la tête, il n'a pas un mouvement, pas une pensée, à la ville ou au théâtre, qui ne soit sincèrement artiste. De là vient que Bouffé ne se sent vivre, ne goûte réellement le bonheur d'exister, que de cinq heures du soir à minuit. Bouffé chez lui, à la promenade, au soleil, est morose, malade, préoccupé, mécontent; mais Bouffé sur la scène, devant la rampe, en face de son public, Bouffé s'anime, rit, plaisante, il est content et se sent heureux. Avant d'entrer au Panorama-Dramatique, où il commença sa carrière, Bouffé était bijoutier !

THÉATRE DES VARIÉTÉS.

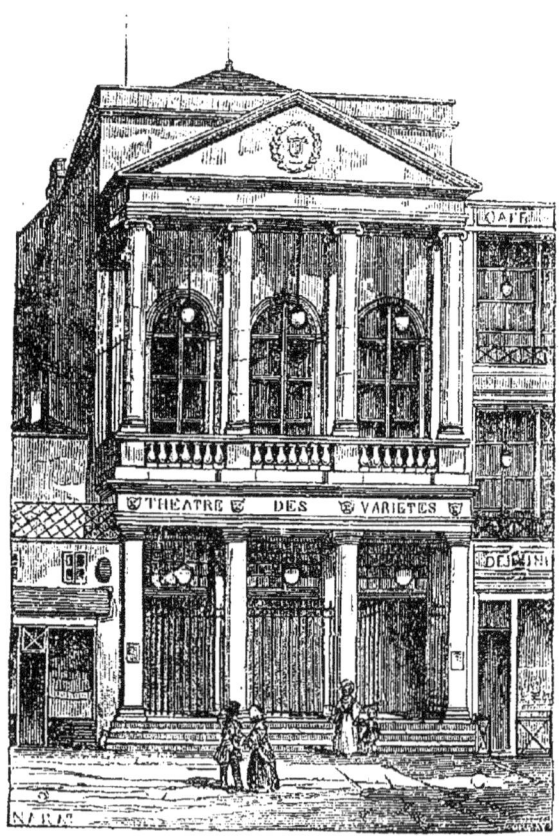

Ce théâtre situé boulevard Montmartre, n° 5, près du magnifique passage des Panoramas, a été construit en 1807

par M. Célérier. Sa façade présente deux étages tétrastyles. Un grand vestibule conduit à la salle dont la disposition est élégante et commode. Le foyer mérite d'être mentionné. Un vaste vestibule offre une issue commode à la foule. Le genre grivois, la farce et la peinture des mœurs populaires, font les frais ordinaires de ce théâtre; Brunet, Potier, Tiercelin et Odry, ces grandes gloires du rire, y ont brillé tour-à-tour. On a voulu dernièrement y introduire le genre sérieux; mais l'alliance d'un grand dramaturge et d'un grand acteur a échoué dans *Kean*, malgré la verve d'Alexandre Dumas et le talent de Frédérick Lemaître.

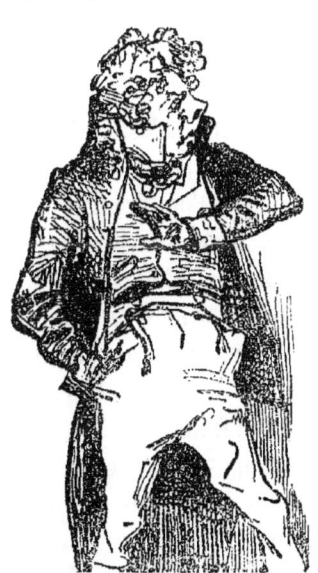

Vernet et mademoiselle Jenny Vertpré ramènent la foule à ce théâtre. Le premier, dont on n'apprécie peut-être pas assez le mérite, est l'un des meilleurs comiques de la capitale. Mais à la bêtise d'Odry la palme! Voyez cette face hétéroclite; ce nez retroussé toujours prêt à tout gober; cette figure à la fois stupide et mutine; ce corps dégingandé; cette tenue à nulle autre pareille. Voilà Odry. Voilà ce qui a fait son succès dans l'*École de natation*, dans *Madame Gibou*, dans *Coquelicot*, dans *Mathurin Bruneau*, et dans mille autres pièces du genre comique et burlesque. Cette pochade représente Odry dans le *Marchand de peaux de lapin*; c'est le triomphe de l'acteur. Odry néglige aujourd'hui un peu la poésie pour faire de la prose; l'auteur du poème des *Bons Gendarmes* a composé le conte des *Trois moulins*. Sa dernière création à la scène se nomme *Carmagnole*; Odry y est désopilant.

THÉATRE DU VAUDEVILLE.

Ce théâtre, fondé en 1791, par les sieurs Piis et Barré, était situé rue de Chartres-Saint-Honoré, n°ˢ 14 et 16. Un incendie récent vient de le détruire. Son genre l'a préservé de la proscription qui frappa tant d'autres théâtres lorsque Napoléon réduisit leur nombre à huit.

Le Vaudeville resta un théâtre populaire, c'est-à-dire à scènes gaies et franchement spirituelles, sans aucune prétention d'art ou de littérature, jusque sous l'empire. Bonaparte le manda en 1805 au camp de Boulogne, et Barré en moderne Favart vint au milieu des camps chanter le jeune guerrier, ses victoires et ses faits d'armes. Alors furent découvertes ces glorieuses rimes de victoire et de gloire, de lauriers et de guerriers, de succès et de Français, qui devaient faire les beaux jours du Vaudeville futur.

En 1816, Désaugiers remplaça dans la direction du Vaudeville le vieux Barré, qui quittait les rênes de son théâtre chéri. Malheureusement, malgré son inimitable talent, sa verve et son esprit infini, Désaugiers ne put parvenir à administrer convenablement ce théâtre. Quelques jeunes gens s'élevaient alors, et leurs pièces réussissaient; c'étaient MM. Scribe, Mélesville, Saintine, Dupeuty, Villeneuve, etc. Alors commençait à la rue de

Chartres cette révolution que devait plus tard achever au Gymnase M. Scribe suivi de tous ses collaborateurs.

M. Poirson, alors vaudevilliste, obtint le privilége du Gymnase; le nouveau directeur enleva au pauvre chansonnier auteurs et acteurs. Gontier et Mme Perrin, Jenny Vertpré et Déjazet, passèrent successivement de la rue de Chartres au boulevart Bonne-Nouvelle. Désaugiers donna sa démission.

Deux ans après, le théâtre du Vaudeville était ruiné; l'administration de M. Bérard avait été désastreuse; un duel malheureux avec un jeune vaudevilliste, aujourd'hui critique spirituel, l'avait brouillé avec les auteurs; et les actionnaires du Vaudeville supplièrent Charles X et M. Corbière de changer leur directeur.

Désaugiers fut réintégré dans la direction du Vaudeville le 13 décembre 1825; mais, deux ans après, la mort l'enleva à ses fonctions.

MM. de Guerchy et Bernard-Léon lui succédèrent jusqu'en 1829, où M. Étienne Arago prit la direction qu'il conserve encore.

Avec lui commença une nouvelle ère pour le Vaudeville. Le couplet fut remplacé par le drame, le rire céda la place aux larmes. Alors furent successivement joués, de 1829 à 1836, *Marie Mignot, Marion Delorme, la Camargo, un Duel sous Richelieu*, etc., drames avec accompagnement de dague de Tolède, de pourpoint, de haut-de-chausses et de jurons à couleur locale; heureusement le joyeux vaudeville est peu à peu rentré en possession de son théâtre.

En juillet 1830, MM. Duvert et Arago improvisèrent *les 27, 28 et 29 Juillet*, la seule pièce politique qui fut jouée à la rue de Chartres en l'honneur de la révolution. Disons toutefois que l'affiche du Vaudeville reconquit la priorité sur le théâtre de Madame, qui la lui avait enlevée en 1826, en prenant alors le titre de Théâtre-National.

Aujourd'hui le couplet est réintégré au Vaudeville : depuis le départ de Volnys, le drame ne s'y montre plus que rarement; Mme Albert, l'actrice toute nerveuse qui électrise jusqu'aux larmes, est la seule qui puisse le jouer. Le Vaudeville a pour interprètes des acteurs du plus grand talent et les plus jolies femmes de Paris : Arnal, le roi des comiques; les deux Lepeintre, E. Taigny, Lafont, Amant, Fontenay; Mmes Brohan, la grande actrice, Guillemin, Balthazard, Mayer, E. Taigny, Fleury, etc., tel est le personnel riche et brillant qui attirait chaque soir un public nombreux dans la salle du Vaudeville. Mais hélas ! au milieu de ces succès, le feu est venu le détruire : pauvre théâtre, il ne peut plus être rebâti, ses ruines ne doivent pas se relever. Mais rassurons-nous, le Vaudeville ne fera que changer de place; bientôt les acteurs et les auteurs que nous applaudissions rue de Chartres viendront, dans une nouvelle salle, nous demander nos bravos que nous ne leur refuserons pas....

THÉATRE DE LA PORTE-SAINT-MARTIN.

Lors du second incendie du théâtre de l'Opéra contigu au Palais-Royal, on résolut de construire immédiatement une autre salle. On choisit après beaucoup d'hésitations l'ancien emplacement du magasin de la ville, près de la porte St-Martin. L'architecte Lenoir s'obligea par un dédit de vingt-quatre-mille francs à construire la nouvelle salle assez tôt pour qu'elle fût ouverte le 5 octobre 1781. Il fit travailler jour et nuit, et dans l'espace de soixante-quinze jours le théâtre fut prêt.

Un soubassement à refend, orné de huit cariatides, sup-

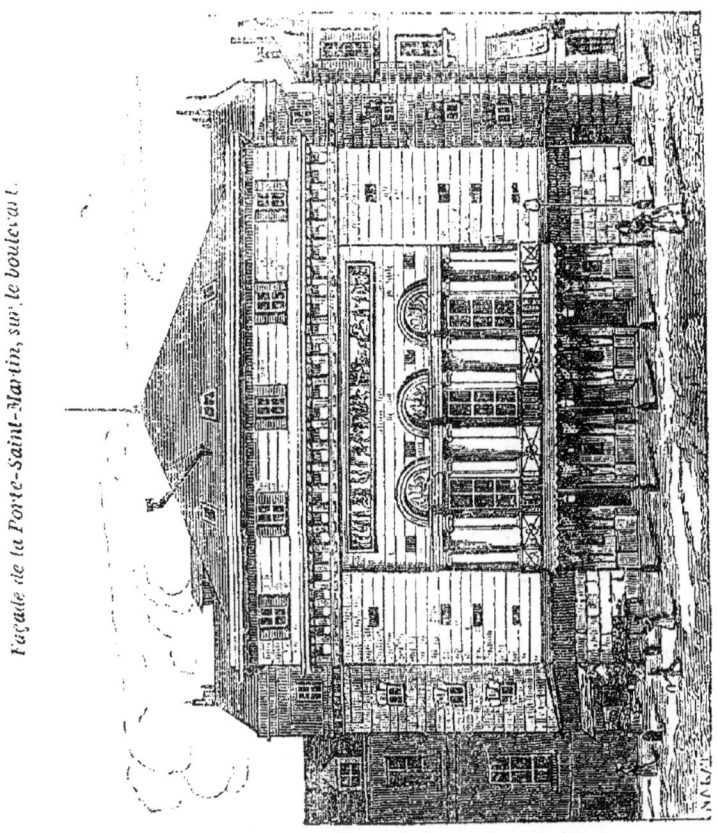

Façade de la Porte-Saint-Martin, sur le boulevart.

porte une ordonnance de huit colonnes doriques entre lesquelles on voit les bustes de Quinault, Lulli, Rameau et Gluck, de Gluck un peu surpris sans doute de se trouver là vu la destination actuelle du théâtre ; au-dessus de ces colonnes, on remarque un bas-relief. C'est un ouvrage de Boquet.

Les acteurs de l'Opéra jouèrent dans la salle de la Porte-Saint-Martin jusqu'en 1793, époque où ils allèrent s'établir rue Richelieu. L'empereur Napoléon, par un décret du 8 août 1807, n'ayant conservé que huit théâtres, un établissement dramatique s'intitulant les *Jeux Gymnastiques* parvint à se faire excepter de la proscription ; il obtint la salle St-Martin, y débuta le 1er janvier 1810 ; mais grâce à une série de vexations intentées par les commis du ministère de l'intérieur, et grâce surtout à l'inhabileté des directeurs des *Jeux Gymnastiques*, ce théâtre se maintint dans un état continuel d'oscillation. En 1814, M. de Saint-Romain, saltimbanque émérite, obtint un privilége plus large, de Louis XVIII. La *Pie voleuse*, jouée avec talent par Jenny-Vertpré, *Malek-Adel*, pièces à grand succès, semblèrent devoir faire prospérer ce théâtre ; mais toujours mal administré, grevé de charges, il ne put se relever de la fatalité qui l'accablait. M. Lefeuvre, ancien huissier, voulut à son tour essayer de prendre les rênes de cette administration : les *Petites Danaïdes*, le *Bourgmestre de Saardam*, *Riquet à la Houpe*, *Marie Stuart*, les *Frères invisibles*, le *Solitaire*, pièces qui obtinrent un succès immense, auraient dû enrichir ce théâtre : il en fut autrement. Le directeur seul fit fortune. Puis vint l'administration de M. Deserre, puis celle de M. de Montgenet, c'était tomber de Charybde en Scylla. Aujourd'hui M. Harel a pour tâche de réparer les fautes de ses devanciers. Les artistes et le public doivent désirer qu'il réussisse.

Le théâtre de la porte St-Martin contient 1800 places.

On y joue le mélodrame et le vaudeville. Mais le mélodrame est la pièce de résistance de ce spectacle où mademoiselle Georges fait admirer les majestueux restes de son talent. Les notabilités de la nouvelle école, Victor Hugo, Alexandre Dumas, ont souvent travaillé pour ce théâtre. C'est là qu'ont été joués les chefs-d'œuvre du mélodrame : *la Tour de Nesle* et entre autres pièces à grands succès *la Duchesse de la Vaubalière*. C'est aussi à la Porte-Saint-Martin qu'a pris naissance cette sublime personnification de notre époque, *Robert-Macaire*, don Juan vulgaire, toujours prêt à exploiter à son profit les talens, les vertus, les vices, les qualités et les défauts de ceux qui l'entourent.

THÉATRE DU PALAIS ROYAL.

Cette petite salle de fort bon goût ne contient que 800 places. Elle est située à l'extrémité septentrionale de la grande galerie du couchant. C'est là que Mlle Déjazet tient le sceptre du genre grivois ou plutôt de tous les genres, car son talent est multiple :

> Gracieuse fantaisie,
> Vive à nos yeux comme l'air;
> Doux songe de poésie
> Rapide comme l'éclair;
> Image qui danse et chante,
> Péri du bel orient
> A la voix folle ou touchante,
> Qui nous console en riant;
> Oiseau rapide qui passe
> En éblouissant les yeux,
> Et qui verse dans l'espace

Son trésor de sons joyeux ;
C'est le caprice en personne,
Qui s'habille de satin ;
C'est la dernière amazone
Vêtue en dernier lutin.

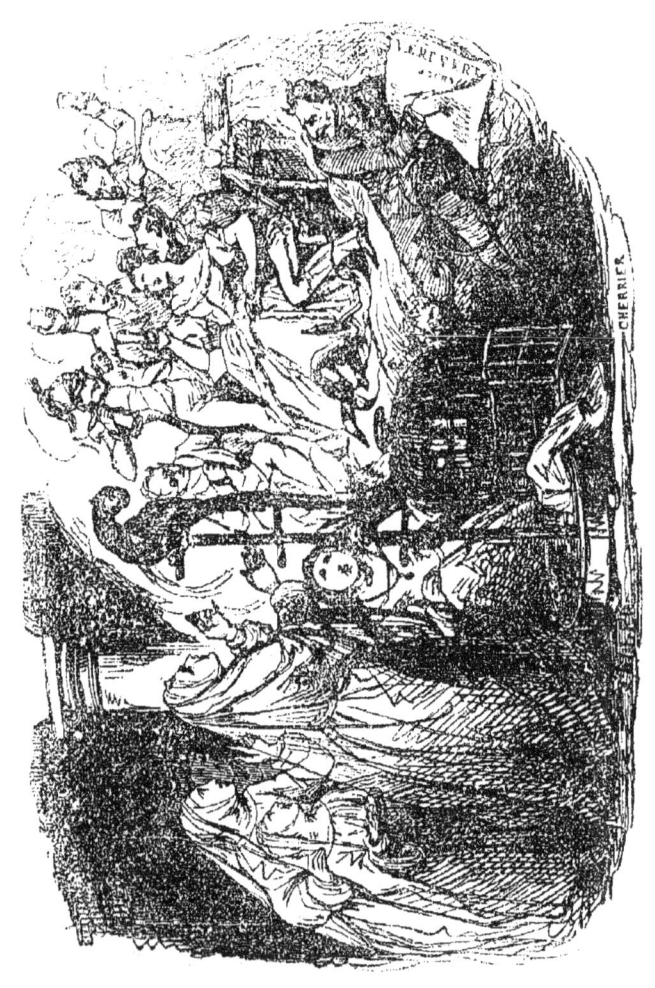

On ne joue nulle part avec plus d'ensemble qu'au Palais-Royal ; on ne trouve nulle part un choix de comiques plus spirituellement bêtes.

L'histoire du théâtre du Palais-Royal serait longue à raconter depuis les acteurs de bois qui figuraient sur la scène et que des mains invisibles faisaient mouvoir par des fils d'archal, tandis que des acteurs vivans placés dans la coulisse parlaient pour eux, depuis le temps des marionnettes jusqu'à celui des excellens comédiens d'aujourd'hui. Ce théâtre s'appelait d'abord Beaujolais, et les pentagoniens seuls y étaient tolérés. Insensiblement l'autorité se relâcha ; aux marionnettes succédèrent des enfans, qui grandirent à vue-d'œil et jouèrent de petites comédies et de petits opéra-comiques ; mais ils se bornaient toujours à la pantomime ; on parlait et on chantait pour eux dans la coulisse.

En octobre 1790, le théâtre de Beaujolais fut occupé par la demoiselle de Montansier et voici comment : cette demoiselle qui dirigeait un théâtre à Versailles, lors du départ forcé de Louis XVI pour Paris, déclara qu'à l'instar de l'assemblée nationale son théâtre était inséparable du roi. Les directeurs du théâtre de Beaujolais traitèrent avec elle ; le traité donna matière à procès, et finalement maîtresse du théâtre, l'ex-directrice de Versailles le fit agrandir ; et on y joua avec succès l'opéra-comique et la comédie.

La demoiselle de Montansier fit construire plus tard pour sa troupe la salle de la rue Richelieu. L'ex-théâtre de Beaujolais se transforma alors en café où l'on exécutait des pantomimes et des pièces à monologue. De 1814 à 1815, ce café fut témoin des orgies de MM. les gardes-du-corps, et jusqu'en 1830 il servit de rendez-vous aux prostituées du Palais-Royal. Sous l'habile direction de

M. Dormeuil, le café de la Paix fut régénéré; ses constructions ont été refaites de fond en comble; et maintenant il offre au public les pièces les plus piquantes et les plus variées dans lesquelles Désaugiers, Gresset, La Fontaine et Béranger trouvent les plus gracieux interprètes.

THÉATRE DE L'AMBIGU-COMIQUE.

Ce théâtre situé boulevard St-Martin existait autrefois sous le même nom au boulevard du Temple, où il fut incendié. On l'appelait aussi le théâtre d'Audinot, du nom de son fondateur. Cet Audinot entendait parfaitement son affaire, mais il eut le malheur de se brouiller avec la justice pour avoir supposé de faux noms dans des actes. Sa condamnation ne l'empêcha pas de continuer de diriger son spectacle; mais en 1784, l'Opéra ayant obtenu les priviléges de tous les petits théâtres pour les exploiter à son gré, les sieurs Gaillard et d'Orfeuille se firent adjuger la direction des théâtres des Variétés-Amusantes et de l'Ambigu. Audinot, contraint d'abandonner son théâtre, en dressa un nouveau au bois de Boulogne. Cet exil durait pour lui depuis deux ans, lorsqu'il fut réintégré dans l'administration de l'Ambigu, grâce au changement du préfet de police. En 1827, ce théâtre, qui était situé au boulevart du Temple, sur l'emplacement qu'occupent aujourd'hui les Folies-Dramatiques, fut la proie des flammes; il avait été construit en 1786. Le samedi 13 juillet 1827, les machinistes essayèrent, après le spectacle, un feu d'artifice, qui devait avoir lieu dans le mélodrame de la *Tabatière*. Quelques étincelles gagnèrent les frises et tout fut en flammes en moins de dix minutes. Les artificiers s'enfuirent et donnèrent l'alarme, mais il était trop tard.

Reconstruit de nouveau, l'Ambigu-Comique est aujourd'hui

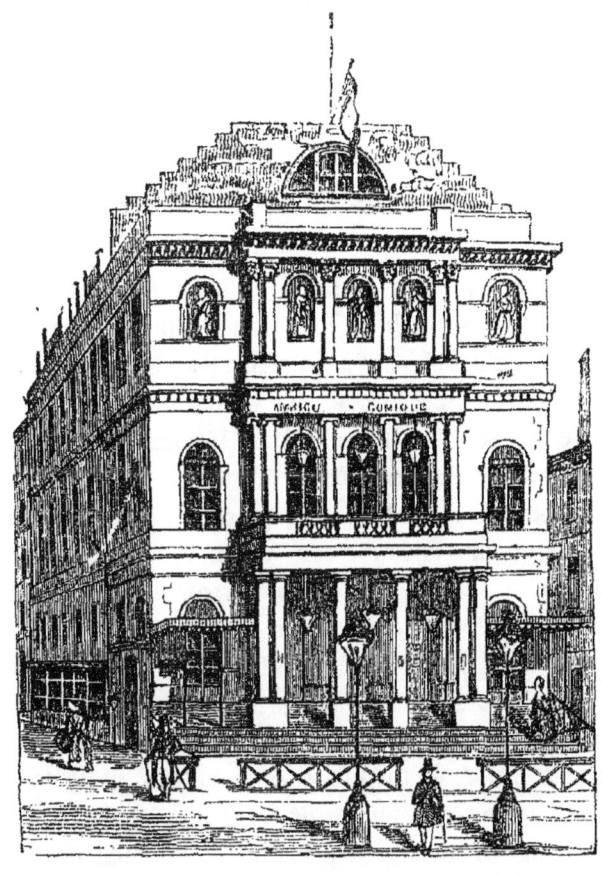

l'un des théâtres les mieux disposés de Paris, et MM. de Corniol et Cormon le dirigent dans les meilleures voies. Sa façade latérale longe le boulevart; mais sa façade principale, composée de trois ordres d'architecture superposés, s'étend sur une petite place triangulaire qui finit par se raccorder au boulevart. Rien de plus gracieux que cette construction pour les promeneurs qui arrivent du *Château-d'Eau*.

On joue, au théâtre de l'Ambigu, le drame et le vaudeville. Parmi les pièces qui ont fait la vogue de ce théâtre, nous citerons : *Héloïse* et *Abeilard*, *Caravage*, le *Festin de Balthazar* et *Gaspard Hauser*.

THÉATRE DE LA GAITÉ.

Ce théâtre est situé boulevard du Temple ; sa façade n'a rien de remarquable, mais elle ressort, grâce au voisinage de plusieurs cassines théâtrales. On y lit sur une espèce d'écusson : « Fondé par Nicolet en 1760, » et sur un autre écusson : « Incendié le 21 février 1835, rebâti en fer pendant la même année. »

Le théâtre de la Gaîté, assez heureux pour échapper au désastre qui vint anéantir son voisin l'Ambigu en 1827, devait aussi avoir son tour. Le 21 février 1835, vers midi, on faisait la répétition de *Bijou*, ou l'*Enfant de Paris*, pièce qui s'est jouée depuis cent fois de suite au Cirque-Olympique, lorsque le feu gagna le cintre à l'avant-scène de gauche. On a dit que l'étoupe d'un flambeau à l'esprit de vin était tombée sur un rideau et l'avait enflammé. Plusieurs personnes périrent dans les flammes. Les pertes causées par ce sinistre furent immenses, et le théâtre de la Gaîté, qui avait enrichi plusieurs directeurs, fut entièrement ruiné.

Qui ne connaît le dicton proverbial : « Toujours de plus fort en plus fort comme chez Nicolet. » Ce saltimbanque célèbre joua d'abord dans les foires St-Germain et St-Laurent. Sa troupe faisait des tours de force et dansait sur la corde. En 1767, elle se recruta d'un excellent mime. C'était un singe qui contrefaisait à merveille l'acteur Molé. Bientôt aux pantomimes des singes et aux exercices des danseurs se joignirent de petites pièces comiques de la composition d'un sieur Taconnet, surnommé de son tems le Molière des boulevards. Le succès de ces pièces excita la jalousie de l'Opéra. En 1769, de par les directeurs du grand théâtre lyrique, la parole fut interdite aux acteurs de Nicolet, qui la recouvrèrent bientôt. Ayant eu l'honneur de représenter leur spectacle devant le roi et madame Dubarry, ils s'intitulèrent en 1772, « Grands Danseurs du Roi. » La veuve de Nicolet, morte en 1817, âgée de quatre-vingt-quatre ans, était de la plus crasse avarice. Elle laissa à ses enfans, outre plusieurs maisons et un mobilier estimé 50,000 fr., 200,000 fr. en or. Son chat hérita d'une pension viagère.

Le théâtre des Grands Danseurs du Roi est aujourd'hui le théâtre de la Gaîté. On y joue comme à la Porte-Saint-Martin, comme à l'Ambigu-Comique, le mélodrame et le vaudeville.

THÉATRE DU CIRQUE-OLYMPIQUE.

Ce théâtre, qui existait déjà sous le Directoire, fut d'abord situé rue Monthabor et rue St-Honoré, n° 355. Il est fixé actuellement boulevard du Temple, n° 78. Les chevaux de terre cuite qui se cabrent au-dessus de la façade du Cirque-

Olympique annoncent la nature du spectacle. Là les hommes cèdent le premier pas aux coursiers; tous les premiers sujets appartiennent à l'espèce chevaline, bien qu'un premier rôle soit parfois confié à un éléphant ; on assiste les bras croisés à des batailles rangées, à des prises d'assaut ; les adolescens qui n'ont pu voir le grand homme en personne admirent sa ressemblance dans un artiste qui exploite un heureux profil, des épaules carrées et une taille au-dessous de la moyenne. C'est bien lui, le

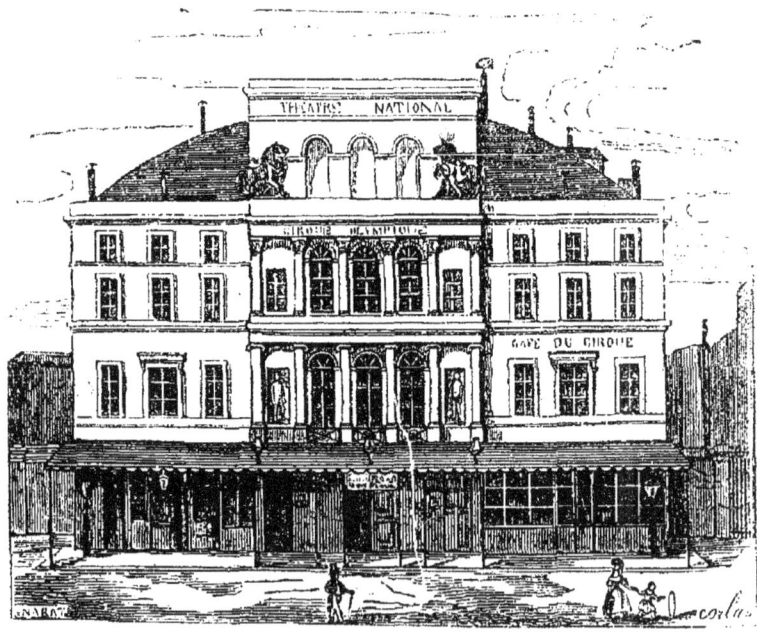

voyez-vous à cheval avec sa lorgnette ou sa longue-vue! Voilà le chapeau historique, la fameuse redingote grise! C'est à crier *vive l'empereur!* s'il n'y avait pas de garde municipale à Paris. Les écuyers ont ensuite leur tour ; et les charges du *clown* Auriol n'ont pas moins de succès auprès des spectateurs.

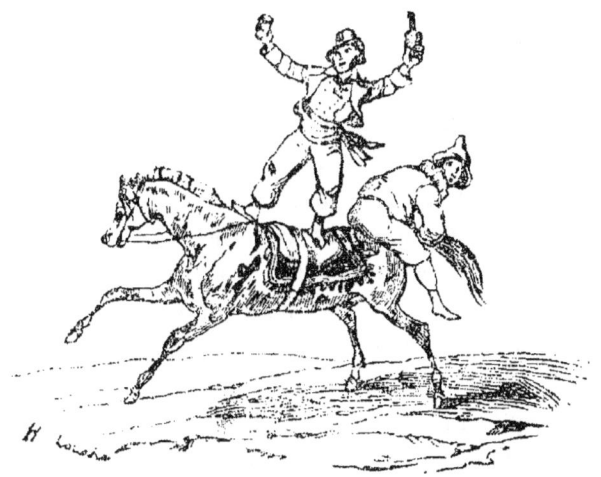

Le Cirque-Olympique est aussi connu sous le nom de théâtre Franconi. Les célèbres écuyers de ce nom en exercèrent long-temps le privilége. Lorsque ce théâtre était rue du Faubourg-du-Temple, il devint la proie d'un incendie terrible, qui éclata dans la nuit du 15 au 16 mars 1826. La perte fut évaluée à près de 600,000 fr. Franconi le plus jeune des trois frères, plus heureux que M. Severini, échappa à la mort, en descendant au moyen d'un drap de lit. Des souscriptions furent ouvertes en faveur des incendiés; mais ils ne recouvrèrent jamais ce qu'ils avaient perdu.

Dans la belle saison, le Cirque-Olympique transporte ses exercices équestres aux Champs-Élysées, dans un vaste manège abrité par des tentes, comme un camp de Bédouins.

Un autre établissement du même genre s'est ouvert depuis peu à St-Germain, et la foule parisienne ne lui manque pas, maintenant que, grâce au chemin de fer, St-Germain est un faubourg de Paris.

Nous venons d'esquisser l'histoire des principaux théâtres de Paris, de ceux dont la généalogie se trouve consignée dans les annales de l'art; il nous reste maintenant à parler de cette foule de théâtres, qui, après avoir longtems servi d'asile aux marionnettes, aux figures de cire, aux animaux savans, se sont insensiblement élevés, à force de ruses et de combats, jusqu'au drame et à la comédie. Mais avant tout nous devons mentionner les FOLIES-DRAMATIQUES, le THÉATRE SAINT-ANTOINE et le THÉATRE DU PANTHÉON, qui datent tous trois de la révolution de juillet; et qui sans subterfuge se sont imposés à l'art et au public comme fit le peuple en 1830 à l'égard du trône. Le premier de ces théâtres se signala à l'attention du boulevart par une pièce de circonstance, la *Cocarde tricolore*, faite à propos de la prise d'Alger, et de la substitution du drapeau tricolore à l'ancienne bannière de Saint-Denis. Quelque tems après, les FOLIES-DRAMATIQUES eurent l'insigne honneur de donner l'hospitalité à Frédérick Lemaître, cette grande illustration du théâtre contemporain, à la fois auteur et acteur, à qui nous devons la création de ce mythe vulgaire, mais vrai, de cette personnification grossière, mais poignante de notre époque, de ROBERT-MACAIRE ! Dans un personnage sans saillie, sans portée, introduit par hasard dans un mélodrame de la Porte-St-Martin, l'*Auberge des Adrets*, Frédérick Lemaître sut y découvrir le type de cet esprit sensuel, sceptique, matériel, goguenard, qui domine notre société, où l'on n'admet d'autre gloire que le succès, où la vertu, c'est la fortune ; où généraux, administrateurs, nobles, industriels, gens de cour et de robe, savans et financiers, n'acquièrent de la considération et de l'influence que s'ils sont riches : la fin justifie les moyens. Tous ces caractères multiples, taillés à facettes, Frédérick Lemaître est parvenu à les résumer dans un seul personnage, *Robert-Macaire*, et c'est le théâtre des FOLIES-DRAMATIQUES qui a donné le jour et popularisé cette création !

Robert-Macaire n'est pas seulement un type grotesque et bouffon comme le Panurge de Rabelais ; lâche et menteur comme le Falstaff de Shakspeare ; égoïste et sensuel comme le Sancho Pança de Cervantes. La perspicacité de ces personnages est bornée ; ils ne voient et ne s'occupent que de ce qui les avoisine ; que leur bedaine soit pleine, et ils sont satisfaits. Le Robert-Macaire de Frédérick Lemaître a un horizon plus vaste : il domine sans cesse ce bas monde composé de niais ; mais comme le Figaro de Beaumarchais, il ne se contente pas de leur faire la barbe, il les tond, et au besoin les écorche. Habile à profiter des erreurs d'autrui, on le voit tour à tour exploiter toutes les branches d'industrie ; et pour lui tout est industrie ; guerrier, poète, savant, financier, homme d'état, prêtre, laïque, amant, époux, médecin, malade, postulant, parvenu ; Robert-Macaire est toujours en scène, il sait constamment faire tourner à son profit les fautes, les erreurs, les vertus et les qualités de ceux qui l'approchent. N'est-ce pas là le secret de la fortune de bien des gens ? Soyons donc les premiers à assigner à Frédérick Lemaître la place qu'il doit occuper à côté de Rabelais, de Shakspeare, de Cervantes, et de Beaumarchais !

Le brevet du THÉATRE DE LA PORTE SAINT-ANTOINE

fut accordé en 1834 à M. Nestor Roqueplan en récompense des services qu'il avait rendus au gouvernement de juillet. Deux hommes d'esprit et de goût obtinrent la cession de ce privilège; et grâce à leur intelligence et à leur activité, ce charmant théâtre fondé sous les auspices de Beaumarchais parvint bientôt à acclimater dans ce quartier reculé le drame et le vaudeville : genres qu'il continue à exploiter avec succès.

Sur l'autre rive de la Seine le THÉATRE DU PANTHÉON, malgré le titre sonore dont il s'est paré, n'a pas toujours réussi, malgré l'activité de ses directeurs, à conserver le public un peu volage auquel il s'adresse. Situé dans le voisinage de l'ancien cloître St-Benoît, au milieu du quartier des étudians et de ces mille petites industries exercées par des femmes qui ne tirent qu'un assez mince salaire de leurs travaux, l'existence de ce théâtre est très intermittente. Il vit, s'éteint, se relève, et puis meurt; que la nouvelle administration lui soit en aide. Quel courage ne faut-il pas pour rire et songer à l'art, au milieu de toutes les misères du quartier Saint-Jacques, si laborieux et si pauvre! Et cependant un nouveau théâtre s'élève encore dans le quartier Saint-Marcel, c'est-à-dire au milieu d'une population encore plus infime, plus malheureuse que celle de Saint-Jacques. Comme si des théâtres de ce genre pouvaient moraliser le peuple, et lui apprendre quelque chose de bon! On inscrira sur le rideau *castigat ridendo mores*; on jouera quelques farces bien égrillardes, puis des mélodrames bien sanglans; et les trois ou quatre cents spectateurs iront ensuite dans les cabarets essayer la parodie des scènes auxquelles ils viennent d'assister, et quelle parodie !

Voilà parmi les théâtres de troisième ordre ceux qui

ont pris leur essor dès leur origine. Voici maintenant les simples parvenus, ceux qui ont passé par toutes les filières de l'art; qui, après avoir donné des représentations de chiens savans, de figures en cire, d'acrobates, et de jongleurs, jouent maintenant tous les genres.

Ici viennent se placer : le *Théâtre du Luxembourg* près de la chambre des Pairs, ci-devant Bobino, et toujours théâtre privilégié des bonnes d'enfans, des brocheuses, des fondeurs, et compositeurs du quartier. Sur le boulevard, nous trouvons le *théâtre de Madame Saqui*, les *Funambules*, et *le Petit Lazary* que l'incendie de 1789 vint relever d'un cran. Le *Théâtre Comte* lui-même situé dans le passage Choiseul, où l'on joue des comédies, des drames, et des vaudevilles, n'a été pendant long-temps qu'une salle de physique amusante et d'ombres chinoises. Rien ne rappelle aujourd'hui l'origine de ces théâtres : à l'extérieur plus de parades, à l'intérieur des décorations comme à l'Opéra, des acteurs vivans sur la scène, un orchestre, et du public : mais quelles décorations, quels acteurs, quel orchestre, et quel public ! n'importe, on est convenu d'appeler tout cela ainsi.

Maintenant écoutons le biographe de Debureau, le spirituel auteur des *Théâtres à quatre sous* va nous faire assister à la transformation successive de tous ces théâtres, dont l'histoire est identique.

« Quand la salle des Funambules n'était encore que la salle des Chiens-Savans, Debureau n'était encore que le Paillasse de son père. On descendait alors dans la salle par un escalier de dix degrés comme on eût fait pour une cave. Arrivé au bas de l'escalier, on se trouvait en présence de deux rangs de loges. La scène, fort étroite, était garnie de coussins fort larges. Après la Symphonie d'usage, la toile était levée, le Spectacle commençait; alors on voyait arriver M. et Mme Denis, habillés avec le plus grand luxe, à la mode de Louis XV; mouches, paillettes, perruque poudrée, culotte de velours, bas de soie, manchettes brodées, jabot en dentelle, fontange, tout l'attirail d'un Marquis à la mode, toutes les grâces d'un homme du bel air; la démarche élégante, l'air insolent et musqué, rien n'y manquait! A la suite du grand seigneur, familier de Richelieu pour le moins, venait Carlin, son valet; Carlin, habillé en Jockei, portait le parapluie de Monsieur, le manchon et le serin de Madame; bientôt passait le Guet, l'arme au bras et la queue en trompette; le Guet arrêtait un Déserteur; à peine arrêté, le pauvre Déserteur passait devant un Conseil de Guerre; là, il était jugé et condamné à mort. Au dernier acte, il était lentement conduit sur le Préau, aux sons d'une musique lamentable; arrivé sur le Préau, on le mettait en joue; — et puis, feu! On faisait un feu de peloton terrible. Le fusillé tombait avec autant de courage qu'un Héros de la vieille armée condamné par la Chambre des Pairs.

» C'était là le beau temps du Drame! C'était là un Drame vif, animé, passionné, allant droit au but; sans paroles oiseuses, sans réflexions, sans hésitation, sans couplets surtout, sans musique de Vaudeville ou d'Opéra-Comique! Drame sentimental, Drame Bourgeois, Drame Grand-Seigneur; Roman, Histoire, Philosophie, Politique, Amour, tout convenait aux Chiens Savans. Pauvres et grands Acteurs, ils ont joué Marivaux et Corneille sans s'en douter! Ils ont passé à travers toutes les nuances de la passion, dans toute la naïveté de leur talent! Ils ont précédé le Mélodrame du boulevart. Les Chiens Savans sont les véritables pères du Mélodrame ! Le Mélodrame leur appartient comme les racines grecques appartiennent à Port-Royal. Ils ont éveillé le Génie de M. de Pixérécourt, comme la pomme tombée de l'arbre éveilla le Génie de Newton ! Honneur aux Chiens Savans ! Honneur à la pomme de Newton !

» Il fallait les voir ces intrépides Artistes, aux grands jours ! Le Génie militaire de l'Empire les animait de toutes ses flammes. Ils montaient à l'assaut comme les guerriers des Pyramides. On voyait la Ville assiégée et les Remparts défendus. Des chiens, ou plutôt des Héros, étaient aux remparts; d'autres Héros apportaient des fascines, appliquaient des échelles; battans, battus, assiégeans, assiégés, c'étaient des cris de gloire, c'étaient des cris plaintifs, c'étaient des mourans et des morts ! On eût dit qu'il pleuvait du sang. La Ville assiégée capitulait à la fin; les trompettes sonnaient : et le Roi vainqueur passait la revue de ses troupes, aux grandes acclamations des spectateurs.

» Hélas ! hélas ! ce spectacle tant suivi, tant fêté, ces braves Caniches, ces fiers Boule-Dogues, ces spirituels Carlins, ces élégantes Levrettes, ces Molosses de Terre-Neuve, ces Anglais mouchetés, tout ce Monde Dramatique, qui faisait les délices de la Ville et de la Province, a disparu peu à peu de nos mœurs. Voyez l'inconstance du Théâtre ! Chaque siècle voit éclore une monstruosité nouvelle. Les Confrères de la Passion sont remplacés par les Comédiens profanes de Corneille; après Corneille et la politique viennent Racine et l'amour ; puis arrivent à la curée Voltaire et la liberté, Crébillon et le sang, De Belloi et les Français; puis le théâtre de la Foire; puis Beaumarchais et la révolution de 89 la grande, la vraie, la sincère Révolution ! Puis

M. Ducis, M. Jouy, M. Étienne et les Chiens Savans, dont la Gloire écrase toutes les Gloires; puis sur les Ruines de ces Chiens Savans, assis eux-mêmes sur tant de ruines, vient s'asseoir, à côté de Picard et de M. Scribe, Rois détrônés à leur tour, insouciant du Passé et de l'Avenir, homme de sang-froid comme tous les Conquérans qui sentent leur force, le Paillasse, le Muet, le Savant, l'Enfariné Debureau! »

Gardez-vous de croire à un avenir si brillant, retournez avec nous le feuillet, et vous verrez ce qu'il faut réellement penser de ces misérables entreprises.

« Dans les murs, c'est un peuple de comédiens à la retraite, qui viennent au théâtre ignoble rêver encore à leurs beaux jours. Dès qu'un financier a le ventre trop gros, il se fait financier du théâtre ignoble. La jeune première perd ses dents et ses cheveux : elle est jeune première au théâtre ignoble. Tout ce qui est vieux, fêlé, édenté, malpropre et malsain au théâtre, est excellent pour le théâtre ignoble. Le théâtre ignoble est à l'art dramatique ce que le fiacre est au cheval de course. Le beau cheval anglais tire le phaéton à six chevaux; il finit par conduire le fiacre à deux. Le théâtre ignoble, c'est la sentine où se rendent à bas prix toutes les impuretés de l'art; c'est le Montfaucon des théâtres de province; la voirie des théâtres de Paris. Allez au théâtre ignoble si vous voulez avoir en résumé les vieilles reliques du vieux drame et de la vieille comédie. Quel livre on ferait avec ces mœurs, avec ce monde, avec ces amours-propres en paillettes, avec ces vices en linge sale, avec cet art nu et pelé, qui a perdu jusqu'à son fard, qui ne tient plus!

» Voilà pour le dedans du théâtre ignoble; quant au dehors, le théâtre ignoble ne fait pas vivre moins de pauvres diables que le dedans. Allez à l'heure de midi, les mains dans vos poches, à la porte de ces étroites cavernes dramatiques: voyez ces vieillards, Achilles d'autrefois, Paillasses aujourd'hui; ces Iphigénies du siècle passé, Colombines de notre temps, s'épanouissant au soleil comme fait l'huître. Autour de ce peuple d'artistes en guenilles accourent à l'envi les cuisiniers ambulans, les Charlet de carrefour, les Beauvilliers de la borne, les Frères Provençaux de l'estaminet; à leur suite les vendeurs de contremarques, fumant leur pipe et balançant leur chaîne de montre; les marchands de cannes, philosophes pratiques qui changent le cerisier en bois d'ébène; les distillateurs de coco, tisane populaire à l'usage des maçons qui travaillent. Tout ce monde vit, pense, agit, calcule et mange pêle-mêle à la porte du théâtre; puis à quatre heures, quand le repas est fini et la table levée, c'est-à-dire quand chacun s'est essuyé le pouce, les comédiens retournent à leurs coulisses, les marchands de contremarques vendent leurs billets d'auteur, le chef de claque assemble ses acolytes chez le marchand de vin, les vendeuses de bouquets, jolies décrépites de seize ans, la vue et le visage usés, présentent au passant leurs bouquets fanés de la veille. Cependant au dedans le lustre s'allume, les quinquets fument déjà, la clarinette fait semblant de s'accorder avec le violon; on entre dans les salles ignobles, on applaudit ou l'on siffle les auteurs ignobles; tout ce monde est occupé pendant quatre heures à jouer, à siffler, à rire, à pleurer, à crier de l'ignoble; à voir des assassinats, à recevoir des leçons de morale ou des coups de pied au derrière; et le préfet de police, grâce à l'ignoble, prend haleine un instant. »

Et pendant que le préfet de police prend haleine un instant, une affreuse besogne se prépare pour les cours d'assises : qu'un observateur étudie ces physionomies grossières et avinées et qu'il écoute leurs ignobles propos, qu'il descende dans ces bouges infects, décorés du nom d'*estaminets* et de *caveaux*, qui avoisinent ces théâtres ; alors il saura tous les vices précoces qu'engendre l'art dramatique ravalé si bas. J'aimais bien mieux les marionnettes.

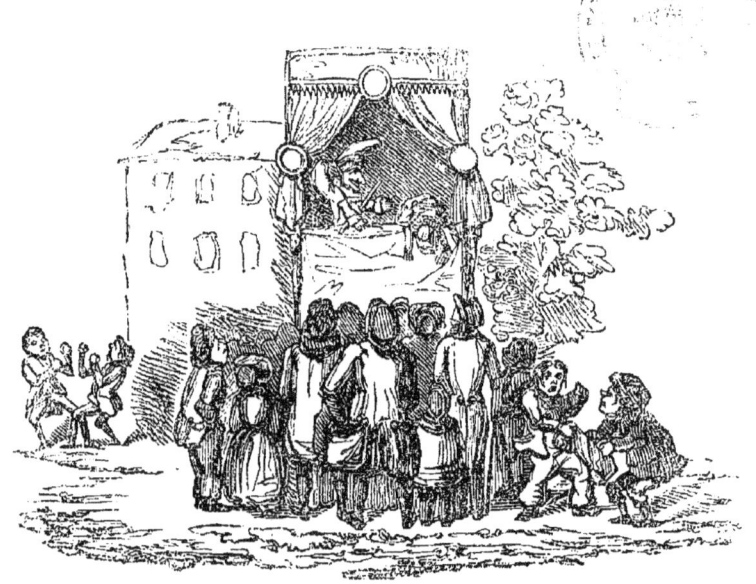

FIN.

www.ingramcontent.com/pod-product-compliance
Lightning Source LLC
Chambersburg PA
CBHW070214230526

45471CB00002B/944